매일
아침
써봤니
?

매일 아침 써봤니?

김민식 지음

7년을 매일같이 쓰면서 시작된
능동태 라이프

?

위즈덤하우스

매일 아침,
나를 응원한다

2015년 가을 어느 날, 전화벨이 울렸어요. 드라마 국장님 전화였습니다.

"민식아, 회사 게시판 봤니?"

"아니요?"

"응, 너 인사발령 떴더라."

인사발령이라니 무슨 얘기지? 게시판에 들어가 봤어요. 난데없이 편성국 주조정실로 발령이 나 있더군요. MD라 하여 방송 화면에 연령고지나 방송안내 자막을 흘리는 일을 하라고 하더군요. 그거 있잖습니까. 프로그램이 시작되면 맨 처음에 나오는, '이 프로그램은 ○○세 이상 관람가 등급으로…'라고 시작되는 화면에 이어 상단에 뜨는 연령고지 숫자요. 프로그램 중간중간에 연령제한 숫자를 화면에 띄우는 일을 했습니다. 물론 그 일도 중요하고 누군가는 맡아야 하겠지만, PD 공채로 들어와 20년 가까이 PD로 살았는데 갑자기 생각지도 못한 부서로 발령이 나니 너무 놀랐죠. 일의 경중을 떠나 그 발령이 좌천이라고 생각하는 이유가 바로 그것이에요. 발령이 공고되기까지 누구도 제게 인사에 대해 설명하거나 제 의견을 물은 적이 없었어요. 들리는 얘기로는 '김민식이 두 번 다시 드라마 연출을 못 하게 만들어라'는 이야기가 높은 분들 사이에서 오갔다고 하더군요. 부끄러운 고백이지만, 그때 혼자 소리 내어 펑펑 울었어요. 고등학교 시절 왕따의 기억이 다시 치밀어 올랐어요. 세상은 나이 50이 되어서도 여전히 외롭고 무서운 곳이더군요.

세상이 내게 일을 주지 않으니, 노는 거라도 원 없이 해야겠다 싶었어요. 전 원래 노는 거 엄청 좋아하거든요. 남미 여행을 떠났어요. 한 달 동안 파타고니아 산을 오르고 이구아수 폭포를 따라 걸으면서 많은 생각을 했습니다. '나는 어떻게 살아야 할까?' MBC를 떠날 생각은 추호도 없습니다. 제가 좋아하는 사람들이 아직도 많은 곳이니까요. 그들을 두고 떠나고 싶지는 않았습니다. '다들 떠나면 남아 있는 사람들이 고립되고 말 거야.' 힘들어도 그들과 함께 버텨야 한다고 느꼈습니다. '드라마를 연출하지 못하면 어떡하나?' 이 생각이 들때면 많이 괴로웠지만 스스로 마음을 달랬어요. 어차피 매 순간 즐거운 일을 찾아 흐르듯 살다 보니 어느 순간 드라마 PD가 되어 있었지, 처음부터 PD가 꿈이었던 적은 없지 않은가. 꿈처럼 찾아온 직업이니 다시 한여름 밤의 꿈처럼 보내줄 수도 있어야지, 그렇게 생각했습니다.

교대근무를 하며 회사 송출실을 지키는 게 일이다 보니 평일에 쉬는 날도 있어요. 학교 앞에 아이를 데리러 가서 엄마들 사이에서 아이를 기다려요. 남자는 저 혼자입니다. 가끔 자격지심이 듭니다. '사람들이 나를 백수 아빠로 보는 건 아닐까? 능력 있는 마누라한테 얹혀사는 기생오라비로 보는 거 아냐? 하긴 이 얼굴 보고 그런 오해는 안 하겠지.'

결국 사람들을 피해 산을 오릅니다. 산에 가도 우울해요. 평일에는 저처럼 한창나이에 산에 오르는 사람이 드물거든요. 어르신들이 단체로 산행하는 모습을 보면 멀찍이 피해 갑니다. 그분들 뒤를 쫓아가다 정치 이야기를 들으면 더 우울해져요. 결국 산에서도 혼자입니다.

가장 마음이 편한 곳은 도서관이더군요. '조선 시대 선비의 마음가짐으로 책이나 실컷 읽자.' 그렇게 도서관에 앉아 소설을 읽어도 예전처럼 몰입할 수가 없습니다. '재미난 소설을 읽으면 뭐하나, 판권을 사서 드라마로 만들 기약이 없는데. 책을 읽어 역량을 계발하면 뭐하나, 회사에서 나를 써주지 않는데' 하는 생각에 허망해져요.

왜 나에게 이런 시련이 주어지는가만 지나치게 고민했더니 괴로워졌어요. 세상이 싫어지고 사람이 미워지더군요. 그래서 달리 생각해봤어요. 지금 이 순간 나는 무엇을 할 때 즐거운가, 그것만 들여다보았습니다. 제게는 부족한 점도 많지만 넘치는 점도 적지 않다는 걸 알게 됐어요. 수백만의 시청자에게 내가 만든 드라마로 웃음을 주고 싶지만, 그게 안 되면 블로그를 찾아오는 수백 명의 독자에게 하루하루 재미난 이야기를 들려드리는 것도 좋아요. 매일 블로그에 재미난 글을 올리려면, 나의 하루하루가 즐거워야 합니다. 회사가 나에게 일을 주지 않아도 멋진 인생을 살 수 있다는 걸 보여주고 싶었어요.

비제작 부서로 발령이 난 후, 전에 없던 시간이 생겼으니 우선 육아를 열심히 합니다. 기왕지사 이렇게 됐으니 사랑스러운 딸들과 좋은 시간을 보내야겠다고 마음먹었어요. 육아와 교육에 대한 책도 찾아서 읽고, 블로그에 육아일기를 올립니다. '아이에게 책 읽는 습관을 길러주려면 어떻게 해야 하나요?' 블로그에 질문이 올라오면 열심히 답을 씁니다. '아이랑 방학이면 동네 도서관에 가서 삽니다. 매일 저녁 잠들기 전에 동화책을 소리 내어 읽어줍니다.' 이제 단순히 집에서 애를 보는 중년 아빠가 아니라 나름의 육아 철학을 갖춘 준전문가가 됩니다. 블로그에 육아일기를 쓰는 것은 그 자체로 좋은 부모 공부이기도 하고, 훗날을 위한 알리바이이기도 합니다. 나중에 아이들이 "아빠가 해준 게 뭐야?"라고 따지면 블로그 육아일기를 들이대려고요. 그러다 뜻밖의 연락을 받습니다. 한겨레신문사에서 육아 칼럼 집필을 의뢰받은 거예요.

그냥 혼자 산을 타다 보면 신세가 처량하게 느껴지는데요. 이제 블로그에 산행일기를 올립니다. 〈월간 산〉의 프리랜서 기자가 됐다는 기분으로 산을 탑니다. 서울 둘레길을 완주하려고 마음먹었어요. 멋진 풍광이 보이면 스마트폰으로 사진을 찍어둡니다. 길마다 하나하나 나름의 평점을 매겨요. 그러곤 '서울 둘레길 추천 코스 베스트 3' 같은 포스팅을 올리죠. 어떤 사이트에서 그 글을 보고 원고료 5만 원을 주고 퍼가기도 했어요. 이제는 혼자 평일에 산 타는 백수가 아니라 등산 전문 프리랜서 기자가 된 느낌입니다.

독서도 더 생산적으로 바뀝니다. '이 책에서 한 구절을 소개한다면, 그 한 구절은 무엇일까? 이 책은 어떻게 요약할 수 있을까? 그래, 내가 출판 담당 기자가 됐다고 생각하고 리뷰를 써보자.' 이렇게 마음먹으니 책 읽기가 훨씬 즐거워집니다. 어쩌면 신문사 출판 기자는 독서가 즐겁지 않을지도 몰라요. 일이 되는 순간 부담이 생기거든요. 블로그는 부담이 없어 좋아요. 어차피 돈 한 푼 안 받고 하는 일이니 무조건 내가 읽고 싶은 책을 읽고, 내키는 대로 글을 씁니다. 만약 광고나 협찬을 받고 쓰는 글이라면 독서나 리뷰가 괴로울지도 몰라요.

일을 놀이처럼 접근하지 말아요. 일이 즐거워지기까지는 시간이 좀 걸립니다. 잘 하지도 못하면서 놀듯이 건성건성 하면 성과가 나오지 않습니다. 그러니 잘 하지 못하는 일을 놀듯이 하면 직장생활이 괴로워질 수도 있어요. 차라리 놀이를 일처럼 하는 편이 쉽습니다. 놀 때 그냥 수동적으로 놀지 말고 능동적으로, 적극적으로 놀아야 합니다. 놀이를 더 잘하려고 공을 들여야 합니다. 열심히 놀다 보면 놀이에서 준전문가의 영역까지 올라갈 수 있어요. 주위 애호가들 사이에서 인정도 받고 동호회에서 논객 대접도 받습니다. 그러다 어느 순간 매체에서 연락이 오거나 관련 콘텐츠 기업에서 제작 의뢰가 옵니다. 노는 것이 직업이 되는 순간이 와요. 그냥 논다고 해서 직업이 되진 않아요. 열심히 일하듯 놀아야 합니다.

제가 한때 온게임넷 〈스타크래프트〉 중계방송에 빠져 산 적이 있어요. 아내가 그걸 보고 놀렸지요.

"당신은 스타도 할 줄 모르면서 무슨 중계방송을 봐?"

드라마 촬영 끝나고 쉬는 동안 남이 만든 드라마를 보면, 나도 모르게 일을 하고 있어요. '어라? 왜 저기서 바스트 샷 대신 풀 샷을 썼지?', '이 경우에는 크레인 부감 샷보다 이동차 트래킹 샷이 주인공의 동선을 보여주는 데 더 효과적이지 않을까?' 등 머릿속이 계속 시끄러워요. 쉬려고 TV를 틀었지만 자꾸 일을 하는 거예요. 그래서 게임 채널로 돌렸어요. 〈스타크래프트〉 중계를 보면서는 '어, 저기서 왜 저글링 떼 샷이 들어가지? 단독 바스트로 가는 게 감정 표현이 좋지 않을까?', '메딕이랑 저 마린이랑 앞으로 러브 라인이 어떻게 될까?'

같은 고민은 하지 않아요. 그냥 마음 편하게 봅니다. 이제야 제대로 쉬는 것 같죠.

이제는 〈스타크래프트〉게임을 시청하지는 않아요. 기왕에 논다면 좀 더 생산적으로 놀려고요. 임요환이 아무리 최고의 전략을 만든다 해도 내 삶에서 '빠른 배럭 전략'이 별 도움은 안 되더라고요. 대신 블로그를 가지고 놀아요. 블로그를 통해 나 자신을 레벨업할 수 있어요. 게임 속 캐릭터의 레벨업보다 나 자신의 자기계발이 더 보람 있어요. 블로그를 하면서 육아 칼럼니스트로, 등산 잡지 셀프 발행인이자 프리랜서 기자로, 영어 학습서를 펴낸 작가로 변신할 수 있어요. 내게 필요한 스킬이 있다면 블로그에 카테고리 하나 추가합니다. 해당 항목에 관련된 책을 읽고 전시회를 다니고 강연을 다니며 알게 된 사실을 하나하나 추가해갑니다. 포스팅 수가 늘고, 방문자 수가 늘수록 삶의 기술이 하나하나 늘어납니다.

드라마 연출을 하지 못한다는 자괴감에 빠져 살았다면 지난 몇 년간 제 삶은 말할 수 없이 힘들었겠지요. 매일 아침 글을 한 편씩 쓰면서, 내 삶의 주인은 나라는 것을 되새겼어요. 아침에 일어나 가장 먼저 한 일은 내가 하고 싶은 일이었어요. 그 순간 가장 쓰고 싶은 글을 그냥 썼습니다. 게임이나 TV시청, 혹은 회사 업무로 하루를 시작하는 게 아니라 생산적 취미 활동으로 일과를 시작했어요. 그 덕분에 저는 패배감에 사로잡히기보다 매일 정신 승리의 즐거움을 맛볼 수 있었습니다. '그래, 나는 하루하루를 즐겁게 시작하는 멋진 사람이야!' 그런 점에서 블로그는 제게 생명의 은인이나 다름없어요. 매일 찾아와주시는 독자분들이 제게는 소중하고 고마운 인연입니다. 저를 살려주신 여러분께 이 자리를 빌려 다시 한 번 감사의 인사를 올립니다.

차례

2장 쓰기에서 시작된 능동태 라이프

3장 쓰면 쓸수록 득이 된다

매일같이
쓰는 힘

매일의 기록이 쌓여
비범한 삶이 된다

쓰는 인생이
남는 인생

1장

재미없는 일을 하며 살기엔
인생이 너무 길다

어떤 일이 돈이 될지 안 될지는 누구도 몰라요. 그러니 처음엔 무조건 재미를 중심에 두어야 합니다. 돈이 되지 않아도 재미만 있으면 된다는 생각으로 꾸준히 즐기는 겁니다. 그러기 위해 제가 되뇌는 마법의 주문이 있습니다. "공짜로 즐기는 세상!" 제가 즐기는 독서, 여행, 외국어 공부, 모두 돈이 들지 않는 취미예요. 노후를 준비하면서 저의 화두는 하나입니다. '어차피 나의 노후 취미생활에 큰돈은 안 들 테니 돈을 버는 것보다 재미난 일을 하는 게 우선이다.' 저는 일보다 놀이를 더 잘하고 싶어요. 일보다 노는 걸 더 열심히 한다? 언뜻 철없는 소리처럼 들리지만, 앞으로는 이것이 최고의 생존 전략이 될 것입니다.

노는 인간의
시대

이세돌을 꺾은 알파고가 중국 최고수라는 커제 프로에게도 도전장을 내밀었죠. 알다시피 커제 선수의 완패로 끝났는데요. 그날 뉴스에 패색이 짙어지자 눈물을 흘리는 커제 선수 모습이 나오더군요. 그 장면을 보고 다들 어떤 생각을 했을까요? 저는 그가 바둑을 정말로 좋아하는구나 하는 생각이 들더군요. 세계의 이목이 쏠려 있건 말건, 눈물을 감추지 못할 만큼 분했다는 거지요. 그 정도로 좋아하는 일이 있다는 건 참 부러운 일이에요.

한번은 어떤 중학생이 진로 상담을 와서 묻더군요.

"앞으로 어떤 직업이 살아남을까요?"

이세돌과 알파고의 바둑 대결 이후, 어린 친구들도 이런 질문을 자주 해요. 미래를 예측하지 말고, 그냥 지금 자신이 좋아하는 일을 하라고 말해줬어요.

"미래에도 PD라는 직업이 남아 있을까요?"

어쩌면 존재하지 않을까 기대해봅니다. 사람들이 로봇이나 인공지능한테 연기 지도를 받거나 대본 수정 요청을 받는 걸 좋아하지는 않을 테니 말이지요. 아니, 저는 드라마 연출을 하는 인공지능 로봇이 나오더라도 연출은 계속할 거예요. 이건 돈을 받지 않고도 하고 싶은 '놀이 같은 일'이니까요. 돈을 받고 하는 일도 중요하지만, 돈을 받지 않고도 하는 놀이 같은 일 역시 제게는 소중합니다. 기회는 아마도 거기에 있지 않을까요?

사람은 성장에서 인생의 의미를 찾습니다. 경쟁의 사다리를 거쳐 피라미드 꼭대기까지 오르는 사람도 있는데요. 지금은 올라야 할 피라미드를 바꿀 때입니다. 현재 노동시장은 노동자의 기술과 역량이라는 측면에서 볼 때 피라미드 구조를 띕니다. 꼭대기에는 소수의 고숙련 전문직 종사자와 기업인이 자리를 잡고, 이들이 대부분의 창의력과 혁신을 담당하지요. 노동자 절대다수는 일상적이고 반복적인 일에 종사합니다. 자신이 일하는 분야가 기계화되거나 자동화되면, 이들은 아직 기계화되지 않은 다른 직종으로 옮겨갑니다. 그런데 앞으로는 이 아래쪽을 로봇이나 인공지능 프로그램이 차지할 거예요. 지금까지는 피라미드에서 위로 올라가기 위해 다른 사람과 경쟁했지만, 앞으로는 밑에서 치고 올라오는 인공지능이나 로봇과도 경쟁해야 합니다. 이 경쟁에서 사람이 이기기는 쉽지 않을 것 같아요. 포크레인과 인간이 누가 더 삽질을 잘하나 대결하면 그 결과는 뻔하니까요.

이제는 피라미드 자체를 바꿔야 합니다. 그동안 우리는 일과 공부의 피라미드에서 위로 올라가기 위해 최선을 다했습니다. 밤새워 공부하고, 밤새워 일했어요. 그런데 공부로 알파고를 따라잡을 수 있나요? 일에서 로봇을 이길 수 있나요? 이제 우리는 아무리 최첨단 인공지능을 탑재한 로봇이라도 오를 수 없는 다른 피라미드를 올라야 합니다. 바로 놀이의 피라미드예요.

놀이의 피라미드 최상부에는 놀이를 이끌고 만드는 사람들이 있습니다. 사람들에게 놀 거리를 만들어주고 그걸로 돈을 버는 사람들이죠. 페이스북이나 유튜브, 에어비앤비 창업자들이 그 초창기 모델입니다. 우연히 일과 놀이를 일치시켜 대박을 터뜨린 사람들입니다. 그 바로 아래에는 콘텐츠 창작자들이 있습니다. 노는 데 선수들이지요. 많은 사람이 유튜브나 팟캐스트를 보고 듣는 데 그치지만, 그중에는 좀 더 능동적으로 콘텐츠를 만들며 즐기는 사람들이 있습니다. '대도서관'이나 '채사장'처럼 유튜브나 팟캐스트에서 쌓은 자신만의 브랜드를 통해 콘텐츠 생산자의 반열에 오른 사람도 있고요. 페이스북이나 유튜브에 콘텐츠를 만들어 올리고 그것으로 돈을 버는 사람도 많습니다. 그냥 노는 게 아니라 전문가 수준으로 노는 사람입니다. 그 아래, 피라미드의 가장 넓은 밑단에는 이들이 만든 놀이를 수동적으로 즐기는 일반 대중이 있습니다.

앞으로는 인간의 수명이 늘고, 실업률도 높아집니다. 곧 긴 시간 놀아야 한다는 뜻이에요. 일을 하지 않는 인간은 무엇을 하며 시간을 보내게 될까요? 놀면서 살아야 합니다. 그것도 능동적으로, 적극적으로, 아주 잘 놀아야 합니다. 온종일 힘들게 일하거나 공부할 때는 잠깐의 여가 행위로도 충분히 즐겁습니다. 수동적인 행위로도 여가를 즐길 수 있어요. 하지만 일과 공부에 더는 전력투구하지 않아도 되는 상황이라면 TV를 보거나 남의 블로그 구경하는 것만으로 24시간을 채우기 힘듭니다. 소비만으로 채워지지 않는 욕구도 생기고요. 바로 자아실현과 표현의 욕구 말이에요. 그걸 채우기 위해 우리는 놀이의 피라미드로 자리를 옮겨 그곳에서 위로 올라갈 방법을 생각해야 합니다. 미디어의 소비자에서 헤비 유저로, 다시 생산자로 오르는 노력이 필요합니다.

노는 인간의 시대, 그냥 노는 것이 아닙니다. 미친 듯이 놀다 결국 그 놀이가 일의 경지에 이르러야 합니다. 누구나 창작자가 되는 그런 시대가 이미 왔으니까요. 저는 인공지능이 아무리 책을 잘 읽고 글을 잘 써도, 독서와 글쓰기를 그만둘 생각이 없어요. 이건 돈 한 푼 생기지 않아도 매일 하고 싶은 일이니까요.

처음엔
무조건 재미!

진로 특강에 가서 학생들에게 해주는 이야기가 있어요.

"돈을 많이 주지만 재미가 없는 일이 있고, 돈은 안 되지만 하고 싶은 일이 있다면 둘 중 무엇을 골라야 할까요? 후자를 선택하는 편이 낫습니다. 재미없는데 오로지 돈을 벌기 위해 일을 하다 보면 성장하기 쉽지 않아요. 돈은 적게 벌어도 좋으니 하고 싶은 일을 하는 사람은 날이 갈수록 더 잘하게 됩니다. 좋아하다 보니 열심히 하게 되고, 열심히 하다 보니 잘하게 되는 거지요. 그러면 그 분야에서 인정받는 사람이 되고요. 10년 후를 생각해야 해요. 돈 많이 받으면서 일에 재미를 느끼지 못하는 사람은 잘리기 쉽고, 적은 돈을 받고도 재미나게 열심히 일하는 사람은 다른 회사에서 스카우트해갑니다."

《쿨하게 생존하라》를 보면 일을 크게 두 가지 기준으로 구분하고 있습니다. '재미가 있는 일'과 '돈이 되는 일'이라는 두 가지 기준을 X축과 Y축 삼아 사분면 그래프를 그려봅시다. 4개의 영역이 생기지요? 재미도 있고 돈도 되면 '행운의 영역', 재미는 없지만 돈이 되면 '생존의 영역', 재미는 있지만 돈이 안 되면 '보람의 영역', 재미도 없고 돈도 안 되면 '불운의 영역'입니다.

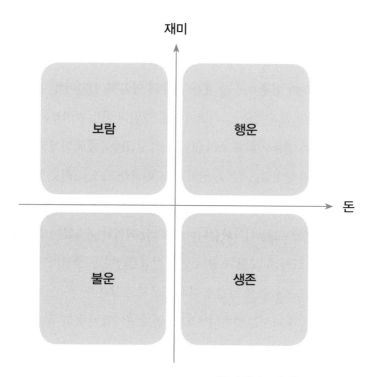

- 《쿨하게 생존하라》(김호 저 / 모멘텀)

그래프를 보면서 지금 자신이 어디에 있는지 생각해보세요. 저는 '처음엔 무조건 위로 올라간다, 그다음엔 앞으로 나아간다'라는 목표를 세웠어요. 재미를 찾는 게 우선입니다. 살아보니까 재미난 일을 열심히 하면 돈은 따라오더군요. 돈을 벌어야 한다는 생각에 재미없는 일을 억지로 하면, 결국 재미도 잃고 돈도 잃기 쉬워요. 오랜 세월 일을 해야 하고 일의 미래에 어떤 변화가 닥쳐올지 모르는 요즘, 돈보다 더 중요한 것은 그 일을 하는 나 자신의 성장입니다. 오래오래 일하려면 나를 성장시키는 일을 해야 합니다. 경험상 일에서 재미를 느끼지 못하면 성장하기가 쉽지 않더군요.

　한때 드라마 연출가로 살 때는 '행운의 영역'에 있었어요. 좋아하는 일을 하며 살 수 있는 삶이었거든요. 그런데 어느 순간부터 회사에서 드라마 연출 기회를 주지 않았어요. 드라마국에서 편성국 송출실로 발령이 났어요. '생존의 영역'으로 내려간 거죠. 그래도 꿋꿋이 버티며 생존에 집중했습니다. 사는 게 재미가 없더라고요. 삶의 재미를 찾아 블로그를 시작했습니다. 돈은 안 되지만 재미있는 일을 찾은 거예요. 그렇게 '보람의 영역'으로 진입했습니다. 블로그만큼 보람 있는 일도 드물어요. 평생에 걸쳐 공부하고 일하며 익힌 노하우를 세상 사람들과 나누는 일이니까요. 한 번도 만나보지 못한 사람에게, 매일 아침 제가 올리는 글이 미미하게나마 도움이 되기를 간절히 바랍니다. 블로그에 올린 영어 공부 관련 글을 모아《영어책 한 권 외워봤니?》라는 책을 냈어요. 이 책이 베스트셀러로 등극하면서 6개월 만에 10만 부가 팔렸어요. 어느새 '행운의 영역'에 와 있더군요.

어떤 일이 돈이 될지 안 될지는 누구도 몰라요. 그러니 처음엔 무조건 재미를 중심에 두어야 합니다. 돈이 되지 않아도 재미만 있으면 된다는 생각으로 꾸준히 즐기는 겁니다. 그러기 위해 제가 되뇌는 마법의 주문이 있습니다.

"공짜로 즐기는 세상!"

제가 즐기는 독서, 여행, 외국어 공부, 모두 돈이 들지 않는 취미예요. 노후를 준비하면서 저의 화두는 하나입니다. '어차피 나의 노후 취미생활에 큰돈은 안 들 테니 돈을 버는 것보다 재미난 일을 하는 게 우선이다.' 저는 일보다 놀이를 더 잘하고 싶어요. 일보다 노는 걸 더 열심히 한다? 언뜻 철없는 소리처럼 들리지만, 앞으로는 이것이 최고의 생존 전략이 될 것입니다.

돈 버는 김민식 vs 잘 노는 김민식

저는 1인 기업 '주식회사 김민식'의 창업주이자 대표이사입니다. 제게는 '김민식'이라는 이름의 많은 직원이 있어요. 회사생활 열심히 하는 김민식도 있고, 육아와 살림에 집중하는 김민식도 있고, 휴가를 즐기고 여행을 다니는 김민식도 있죠. 항상 큰소리치는 건 돈을 버는 김민식입니다. 하지만 제게 가장 소중한 직원은 잘 노는 김민식이에요. 그에게 주식회사 김민식의 미래가 달려 있거든요.

드라마 PD로 일하면서 후배들이 만든 드라마도 열심히 봤습니다. 후배들의 취향을 파악해두는 것도 선배의 일이거든요. 가끔 드라마를 보면서 갸우뚱할 때가 있어요. '어라? 그 친구가 이렇게 말랑말랑한 로맨틱 코미디를 좋아했던가? 사회 고발을 다루는 장르물 스타일인 줄 알았더니?' 쉴 때는 TV보다 페이스북을 열심히 들여다봅니다. 나이 50줄에 들어선 PD로서 젊은 시청자들의 트렌드를 아는 것도 중요한데요. 페이스북을 보면 요즘 젊은 사람들이 좋아하는 미국 드라마(미드)나 일본 드라마(일드), 만화가 무엇인지 잘 보이거든요. 드라마를 보다 고개를 갸우뚱했던 후배에 대해서도 페이스북 포스팅을 보면 '역시!' 하고 고개를 끄덕이게 되더군요.

후배의 진짜 취향은 드라마보다 페이스북에서 드러나더라고요. 드라마는 아마 국장이 시키는 작품이나 부장이 밀어주는 작품을 할 거예요. 페이스북에 올리는 만화나 미드평을 보면 취향이 솔직하게 드러납니다. 밤새 편집을 마치고 새벽에 주조정실에 테이프를 입고 하러 온 조연출을 볼 때도, 그 지친 얼굴에 안쓰러움이 느껴지곤 하는데요. 페이스북을 보면 그 지친 모습 뒤로 뜨거운 가슴을 지닌 '덕후'가 숨어 있다는 걸 알 수 있어요. '이 친구, 이 악물고 견디고 있구나. 언젠가 자신의 색깔을 제대로 드러낼 기회만 기다리고 있구나.'

팟캐스트 〈페리스 쇼〉를 운영하는 팀 페리스는 각 분야에서 일가를 이룬 이들을 만나 성공으로 이끈 비결이 무엇인지 물어봅니다. 대가들의 성공 비법을 모아 펴낸 책이 《타이탄의 도구들》입니다. 여기에는 쉽게 따라 할 수 있는 자기계발 도구들이 많이 나오는데요. 사업가, 예술가, 운동선수 등 다양한 분야에서 성공한 사람들이 저마다 어떤 습관을 갖고 있는지 살펴볼 좋은 기회입니다.

마크 안드레센은 현대 인터넷의 창시자로 꼽히는 인물이죠. 지금은 기술 투자자로서 벤처캐피털 회사를 운영하고 있습니다. 그가 생각하는 사업 성공의 원칙은 간단합니다. 똑똑하고 실력을 갖춘 인재가 물건을 만들게 하는 것이지요. 그럼 똑똑한 사람을 어디서 찾을까요? 똑똑한 사람들은 어디에나 있답니다. 어쩌면 맥도날드 매장에서 패티를 굽거나, 은행 창구에서 대출 상담을 하거나, 회사 사무실에서 워드 프로세서 작업을 하고 있겠지요.

> 그들이 낮에 무슨 일을 하는지 상관없다. 중요한 것은 그들이 회사에서 퇴근해 무엇을 하느냐다. 우리는 그들의 낮 시간에는 관심 없다. 십중팔구 그들은 돈을 벌기 위해 회사에서 시키는 일들을 하고 있을 테니까. 우리가 집중하는 건 그들의 취미가 무엇이냐다. 밤 시간과 주말에 그들이 매달려 하고 있는 일이 무엇인지를 끈질기게 추적 관찰해 정보를 얻는다. 뭔가 우리가 전혀 생각지도 못한 흥미로운 일을 하고 있는 사람, 그 사람이 우리에게 엄청난 돈을 벌어다줄 사람이다.
>
> ─《타이탄의 도구들》(팀 페리스 저 / 박선령, 정지현 역 / 토네이도)

대학 시절, '전공 공부하는 김민식'보다 '영어 소설 읽는 김민식'이 더 많은 시간을 썼어요. 전공 공부하는 김민식이 영어 소설 읽는 김민식에게 잔소리도 더러 했어요.

"너 때문에 주식회사 김민식 망하는 거 아냐?"

세월이 흐르고 보니 주식회사 김민식의 R&D는 '노는 인간 김민식'이 맡게 되었습니다. 공대생 김민식을 밀어내고 번역가 김민식이 나오고, 영업사원 김민식 대신 예능 PD 김민식이 나온 것도 최선을 다해 열심히 놀았던 그 덕분입니다. 책을 읽고 글을 쓰는 걸 취미 삼아 즐긴 책벌레 김민식 덕분에 '저자 김민식'도 만들어졌습니다. 회사에서 시키는 일만 하는 김민식보다, 노는 인간 김민식에 주목합니다. 주식회사 김민식의 미래가 그의 손에 달려 있어요. 그런 점에서 오늘도 저는 노는 인간 김민식을 열렬히 응원합니다.

'일하는 나'와 '노는 나'가 만나 새로운 무언가를 만들 수 있도록 해주자고요. 일하는 나에게만 시간을 주지 말고, 노는 나에게도 시간을 주세요. 아니, 더 많은 시간을 허락해주고 더 아껴주세요. 무엇을 하고 놀 때 더 즐거운지, 자신에게 자꾸 물어보세요. 인생을 사는 즐거움은 재미에서 나옵니다. '나는 무엇을 할 때 즐거운가?' 그것을 찾아내는 것이 진짜 공부입니다. 100세 시대, 우리는 아주아주 긴 시간 놀아야 하니까요. 지금 이 순간 즐거운 놀이를 찾아 열심히 놀아봅시다. 미래 일의 기회를 만드는 건 '잘 노는 나'일 테니까요.

일하는 나와 노는 나가
자꾸 만나야 한다

저는 늦둥이 아빠입니다. 나이 마흔에 둘째 딸 민서를 얻었어요. 그 말인즉, 제가 정년퇴직할 나이가 되어도 민서는 대학을 졸업하지 못한다는 뜻입니다. 민서의 돌 사진을 사무실 책상 앞에 붙여뒀어요. 회사에서 힘든 일이 있을 때마다 아이의 사진을 들여다봅니다. '아빠는 오늘도 너를 생각하며 참을 것이다.' 늦둥이를 생각하면 정년퇴직 때까지 버텨야 합니다. 아니 퇴직 후에도 일을 할 수 있도록 끊임없이 노력해야 해요. 아이를 잘 키우는 것도 고민이고, 저의 경쟁력을 키우는 것도 고민입니다.

 CBS 〈세상을 바꾸는 시간, 15분〉에서 '우리 아이, 미래형 인재로 키워라'라는 제목의 강연을 보았습니다.

교육 전문가인 이범 선생은 미래형 인재의 3대 요건으로 창의성, 역량, 협업정신을 꼽았습니다. 그 강의를 듣고 무릎을 쳤습니다. '저것은 아이고 어른이고 간에 모두에게 꼭 필요한 품성이 아닌가!'

창의성을 키우기 위해서는 잘 노는 게 중요합니다. 창의성은 앉은 자리에서 머리 끙끙 싸맨다고 나오지 않아요. 아니, 그럴수록 오히려 겁만 나지요. 마음 편하게 놀아야 새로운 무언가가 나옵니다. 사람들에게 놀이를 권하는 이유는 놀이를 통해 자신의 욕구를 발견할 수 있기 때문입니다. 공부든 일이든 가장 중요한 요소는 동기부여입니다. 동기부여는 내가 좋아하는 것이 무엇인지 아는 데서 시작됩니다.

서로 다른 두 사람이 만났을 때 새로운 무언가가 만들어집니다. 취미 삼아 SF 번역을 하던 시절, 출판사 편집자를 만났어요.

"PD님은 영어를 어떻게 공부하셨어요?"

그 질문에서 나온 답이 《영어책 한 권 외워봤니?》입니다. 창의성은 너와 나의 관계를 통해 새롭고 독창적인 것을 만드는 능력입니다.

드라마 PD로서 연출론을 쓰라고 하면 쉽지 않아요. '스타 PD도 아닌데 내가 뭐라고 연출론을 쓰겠어.' 그런데 드라마 PD인 나와 영어 통역사인 내가 만나면 새로운 무언가가 나옵니다. '통역사 출신 시트콤 PD가 말하는, 놀듯이 영어 공부 하는 방법', 스토리가 되잖아요? 통역사로 일할 때도 마찬가지였어요. 그냥 통·번역을 하라고 하면 재미가 없어요. 이럴 땐 통역사인 나와 SF 팬인 내가 만납니다. 그러면 'SF 소설을 번역하는 김민식'이 만들어지지요. 개인이 창의성을 기르는 가장 좋은 방법은 다양한 모습의 나를 만들고, 서로 다른 내가 만나 협업하게 하는 겁니다.

나를 어떻게 다중인격체로 만들 것인가. 먼저 '일하는 나'가 있습니다. 먹고살기 위해 무언가 일을 하겠지요. 저녁에 퇴근하고 나면 '노는 나'가 있습니다. 좋아하는 취미가 있다면 적당히 설렁설렁 놀지 말고 미친 듯이 해봅니다. 그러면서 일하는 나와 노는 내가 자꾸 만나야 합니다. 지금 저를 예로 들면, 드라마 PD와 블로거가 만나는 거지요. 그러면 '드라마 PD가 블로그를 하는 이유', '매스미디어 PD가 말하는 소셜미디어 즐기는 법', 이런 콘텐츠가 만들어집니다. 여기에 더해 '공부하는 나'를 만들어도 좋아요. 일하는 나, 공부하는 나, 노는 나 이렇게 셋이 만나 협업을 하면 완전히 새로운 무언가가 만들어집니다.

꾸준한 실패와 우연한 성공, 그리고 논다는 것

잘나가는 대박 PD가 아닌지라 시청률 때문에 상처받을 때가 많습니다. 나름대로 재미있다고 생각하며 밤을 새워 만든 작품인데 시청자에게 외면받을 때는 죽을 만치 괴롭습니다. 괴로울 때는 어떻게 하느냐고요? '사랑하라, 한 번도 상처받지 않은 것처럼'을 본따서 '연출하라, 한 번도 실패하지 않은 것처럼'의 자세를 가지는 거죠. 마음을 가다듬고 다시 도전합니다. 또다시 밤을 새우며 촬영합니다. '이번에도 망하면 어쩌지?' 하는 걱정이 없다고는 할 수 없지만 그 생각을 할 시간에 콘티를 한 번 더 만집니다. 대박 날지 쪽박 찰지는 만들어보기 전에는 모르는 일이니까요. 창작에 왕도는 없지만, 될 때까지 해보는 것이 그나마 창작으로 가는 길입니다. 그러기 위해서는 용감해질 필요가 있어요.

저는 매일 아침 블로그 글쓰기로 용기를 키웁니다. 글을 쓸 때 '이게 재미있을까?', '사람들이 이걸 보러 올까?', '이런 후진 글을 썼다고 흉보지는 않을까?' 이런 고민은 하지 않습니다. 그냥 그 순간 가장 쓰고 싶은 글을 씁니다. 매일 하나의 글감을 떠올리고 제목을 뽑고 편집을 하며 창의성을 단련합니다. 속으로 삭이기만 해서는 절대 발전하지 않아요. 자꾸자꾸 끄집어내야 합니다.

〈엣지 오브 투모로우〉라는 영화를 보면, 톰 크루즈가 계속 죽었다 살아났다를 반복하면서 미션을 수행합니다. 가만 보면 삽질도 그런 삽질이 없어요. 게임이란 기본적으로 삽질의 반복입니다. 삽질을 통해 '아, 저 길로 가면 죽는구나', '보스를 만나기 전에 폭탄 3개는 모아야 하는구나', '이번 판에서는 방어력을 꼭 업그레이드해야 하는군' 이런 걸 배웁니다. 특히 롤플레잉 게임(RPG)의 즐거움은 꾸준한 실패와 우연한 성공을 통해 캐릭터가 성장하는 데 있어요. 실패를 두려워하지 않아야 성공한다는 교훈을 우리는 게임을 통해 배웁니다. 실제 직장생활에서는 실패가 즐겁지 않아요. 자꾸 반복되면 직장 내 생존 가능성이 작아지거든요. 또 아마 신문 기자로서 글을 쓴다면 즐겁지 않을 거예요. 블로거에게 글쓰기가 즐거운 건 이것이 놀이의 영역이기 때문입니다. 놀이를 통해 실패를 자꾸 경험하며 우연한 성공의 즐거움을 맛봐야 합니다. 그런 순간의 희열이 우리를 성장으로 이끄니까요.

저의 20대는 실패로 점철된 시기였습니다. 대학 1지망 탈락, 입사 서류전형 탈락, 첫 직장 중도 하차, 통역대학원 졸업 후 진로 변경 등. 꾸준히 실패했지만 포기할 수는 없었어요. 왜? 내 인생이니까요. 안 된다고 포기할 순 없으니까요. 무엇보다, 실패가 두렵다고 즐겁지도 않은 일에 적당히 타협하고 싶지 않았어요. 100세 시대, 재미없는 일을 하며 살기엔 인생이 너무 길거든요. 꾸준히 실패를 거듭하다 보면 우연한 성공을 만날 텐데, 그럴 때 우겨야 합니다. 처음부터 그게 작전이었다고. 뻔뻔해지는 순간, 우리의 자신감은 상승하고 인생은 성장합니다. 성공에 안주하고 새로운 시도를 멀리하는 순간, 사람은 퇴행합니다. 실패를 했음에도 다시 도전할 때 우리는 성장해요.

꾸준한 실패와 우연한 성공, 이것을 연습하는 가장 좋은 환경이 놀이예요. 놀 때 우리는 실패로부터 자유로워집니다. 이길지 질지 모르는 놀이는 승패를 떠나서 재미있기 때문에 반복해서 지속할 수 있습니다. 계속해서 져도 두렵지 않아요. 놀 때 비로소 가장 창의적일 수 있는 조건이 만들어져요.

매일 블로그에 글을 올리는 일에는 돈이 들지 않아요. 쓰는 것도 읽는 것도 돈 한 푼 안 들기에 저나 독자나 부담이 없습니다. 돈 안 드는 놀이라서 더 즐거운 거예요. 블로그에 육아 칼럼을 연재하는데요. 제가 교육학자거나 사교육 종사자라면 교육에 대한 의견을 함부로 내놓지 못할 수 있어요. '그래서 당신은 학교에서 얼마나 잘 가르치는데?'라는 얘기를 들을 수도 있잖아요. 같은 이유로 저는 블로그에 드라마 리뷰는 잘 올리지 않습니다.

독서가 취미고 글쓰기가 공부라서 즐거운 겁니다. 학교 공부는 지겹지만, 나이 들어 혼자 하는 공부는 부담이 없어요. 시험이 없고 경쟁이 없거든요. 단지 어제보다 하나 더 알고 깨우치고 싶은 내가 있을 뿐이에요. 어려서 공부 열심히 하고 나이 들어 일 열심히 한 사람들이 앞으로는 노는 걸 더 잘했으면 좋겠어요. 놀이를 통해 용기를 기르고 창의성을 키운다면, 다가올 시대에 즐겁게 오래도록 일할 수 있다고 믿습니다.

새로운 일보다는 새로운 놀이가 도전하기 쉬워요. 도전을 통해 용기를 얻고, 놀이를 통해 역량을 키울 수 있어요. 잘 노는 사람은 그 즐거움을 다른 사람에게 전하려고 합니다. 진짜 덕후는 자신의 즐거움을 타인과 함께 나누는 사람이거든요. 혼자서 잘 노는 사람이 여럿이서도 잘 놀아요. 협업의 중요성을 잘 아니까요. 특히 블로그로 노는 사람은 자신이 배우고 익힌 것을 타인과 나누고자 하는 사람입니다. 노는 인간의 시대에 미래형 인재란 놀면서 창의성·역량·협업정신을 키우고, 그럼으로써 놀이를 일로 바꾸는 사람 아닐까요?

직업이 아닌
생업을 찾자

알파고의 시대, 취업은 갈수록 힘들어질 것입니다. 이제 우리가 찾아야 할 것은 직업이 아니라 생업입니다. 책을 읽다가 '생업'에 대한 명쾌한 정의를 발견했어요.

> 혼자서도 시작할 수 있고, 돈 때문에 내 시간과 건강을 해치지 않으며,
> 하면 할수록 머리와 몸이 단련되고 기술이 늘어나는 일, 이것이 바로
> 생업이다.
>
> ─《작고 소박한 나만의 생업 만들기》(이토 히로시 저 / 지비원 역 / 메멘토)

제가 처음 취직한 것은 1992년의 일입니다. 당시엔 첫 직장이 평

생직장이던 시절이었어요. 대학만 졸업하면 취업은 쉬웠어요. 회사에 들어가 나의 노동 시간과 급여를 교환하며 사는 것이 일반적인 삶이었죠. 문제는 앞으로는 그러기가 힘들어지리라는 것입니다. 한 사람이 직장에 취업하는 게 아니라 두어 가지 생업을 갖고 다양한 일을 하며 살아가게 될 거예요.

저자 이토 히로시는 다양한 일을 하며 살아요. 사실 거창하지도, 큰돈을 버는 일도 아닙니다. 그냥 해보고, 재미있으면 그 일을 조금씩 늘려갑니다. 몽골 진짜배기 생활체험 투어, 시골에서 장작가마로 굽는 빵가게 열기, 산골 할머니들이 직접 만든 생화 장식 온라인 판매, 전국 마루 깔기 협회 활동, 콘크리트 블록 담 해머 해체 협회 활동 등. 한번 해보고 재미나면, 그걸로 돈을 벌 작은 기회를 만들어갑니다. 직업이 많다는 것은 제대로 된 직업이 없다는 얘기 아닌가 하고 우려하기도 하는데요. 이게 생업의 핵심이랍니다. 작고 소박하고 다양한 일거리, '이런 걸로 돈이 되나?' 싶은 일을 하며 삽니다. 적게 벌고 많이 놀자는 주의지요.

그는 유행과 경쟁은 피하고 기계가 도맡는 일도 하지 않는다는 원칙을 두고 있는데, 이는 꼭 돈 되는 일이 아니어도 좋다는 뜻이기도 합니다. 돈이 된다고 알려지면 누구나 뛰어들고, 경쟁과 함께 산업화가 이뤄지고, 산업화는 필연적으로 기계화와 자동화로 이어집니다. 이런 일은 피하는 게 상책입니다. 인공지능과 경쟁하며 살 필요는 없잖아요? 엄청난 부자가 되고 싶은 사람에게는 별 도움이 안 되는 충고일 수 있습니다. '이제 큰돈 버는 시대는 갔구나. 쉽게 취업할 수 있는 세상도 아니구나.' 이런 깨달음을 얻은 일본의 젊은이들에게 새로운 트렌드가 생겼어요. 그게 바로 '작고 소박한 생업 만들기'입니다.

생업은 거창한 창업이 아니에요. 창업에는 자본이 들고, 자본을 회수하기 위해 자신을 혹사시켜야 합니다. 자신을 착취하는 구조인 거죠. 프랜차이즈 업체 배 불리고, 매장 인테리어 공사비만 날리는 경우도 허다합니다. 그런 창업보다는 취미인지 일인지 모호한 작은 일들을 권합니다.

적게 버는 생업만으로도 생존할 수 있으려면 소비와 지출을 줄이는 게 우선입니다. "가난을 기꺼이 즐길 수 있는 능력보다 더 큰 노후 대책이 있을까요?"라는 고미숙 선생님의 얘기처럼, 소득을 늘리는 건 쉽지 않지만 소비를 줄이는 건 가능합니다.

> 아르바이트를 하면서 꿈을 좇는 작전은 매우 전투적인 사람이 아니면 권하고 싶지 않다. 대개의 꿈은 경쟁이 극심하기 때문에 꿈으로 존재하는 것이다. 아르바이트에서 시간과 기력을 빼앗기기 쉬운 상태에서 치열한 경쟁에 임한다면, 이미 지위를 얻은 전투적인 사람들을 이기기란 더 힘들다. 세상은 그런 면에서 보면 실로 냉혹하다.
>
> ─《작고 소박한 나만의 생업 만들기》(이토 히로시 저 / 지비원 역 / 메멘토)

정말 와닿는 얘기입니다. 아르바이트를 하면서 꿈을 향해 달렸는데 그 꿈에서 좌절한다면, 그 순간 '내 인생은 그럼 뭐지?' 하게 됩니다. 기왕에 아르바이트를 한다면, 나의 꿈과도 관련이 있고 자기계발에도 도움이 되는 일을 하면 좋을 것 같아요. 꿈을 이루지 못해도 꿈을 좇는 과정을 즐길 수 있기를 희망합니다. 인생이란 즐거운 추억의 총합입니다. 미래를 위해 현재를 희생한다면, 아무리 시간이 흘러도 즐거운 과거는 만들어지지 않습니다. 과정을 즐길 수 있어야 꿈도 의미가 있습니다. 이 책에서 말하는 생업이 모든 이를 위한 정답은 아니겠지만 누군가에게는 삶의 대안이 될 수 있을 겁니다.

행복은
강도가 아니라 빈도다

《CBS 세상을 바꾸는 시간, 15분》 강연

행복심리학자 서은국 교수님이 쓴 《행복의 기원》을 보면, 진화는 자연선택과 성선택을 통해 이뤄집니다. 인간은 생존과 번식에 유리한 행위를 할 때마다 행복을 느끼게끔 진화했다는 거지요. 지금 우리가 이 자리에 있는 것은, 생존과 번식에 유리한 행위를 할 때마다 기쁨을 느낀 선조들 덕분입니다. 맛있는 음식을 먹을 때 행복한 이유는 생존에 유리하기 때문이고, 매력적인 이성을 볼 때 기분이 좋은 이유는 짝짓기의 희망에 들뜨기 때문입니다.

1987년 대학에 간 저는 1지망에 떨어져 2지망 학과에 입학했는데요. 전공에 흥미가 없었어요. 학과 공부보다 미팅에 열을 올렸습니다. 즉, 스무 살의 저는 생존보다 번식에 더 관심이 많았던 겁니다. 그런데 미팅 나갈 때마다 차였어요. 어떻게 하면 짝짓기에 성공할 수 있을까? 고민 끝에 결국 연애의 고수라는 선배를 찾아갔어요.

"미팅에서 계속 차였다고? 그건 실패가 아니야. 전력을 다해 대시하고 싶은 여자를 아직 못 만난 것뿐이지. 넌 왜 미팅에 목을 매냐. 진짜 승부는 헌팅에서 나는데."

미팅에 나가면 어떤 상대가 나올지 알 수 없지만, 헌팅은 무조건 원하는 상대에게 대시할 수 있다는 거죠.

"헌팅은 어디서 하면 되나요?"

"헌팅은 역시 나이트클럽이지."

나이트클럽이라면 날라리들이나 가는 타락의 온상이라고 생각했던 제가, 여자 한번 꼬셔보려고 선배 따라 나이트에 갔어요. 선배가 저를 보고 한마디 하셨어요.

"넌 아무래도 외모가 많이 달리니까, 춤 연습을 좀 해야겠다."

1980년대 말 신촌로터리에 '우산속'이라는 나이트가 있었는데요. 한쪽 벽면이 거울이에요. 거울 앞에서 혼자 열심히 춤 연습을 했습니다. 처음엔 발로 박자를 맞추고, 팔로 하늘을 찔러댔어요. 음악을 알아야 리듬을 탈 수 있다고 해서 길거리 리어카에서 'DJ 리믹스' 테이프를 사서 열심히 듣고 팝송 가사도 외웠어요.

춤이라는 게 은근히 재미있더군요. 자꾸자꾸 추고 싶어졌는데, 매일 나이트에 가기는 힘드니 방에서 혼자 거울 보며 연습했어요. 이어폰을 꽂고 미친 듯이 흔들었지요. 매일 연습을 하니까 춤이 쑥쑥 늘더군요. 몸치인 줄 알았는데 제 나름의 흥이 있었어요. 여자 만나려고 춤을 배웠지만, 춤이 늘었다고 연애가 되진 않더군요. 나중에는 춤이 좋아 그냥 춤만 췄습니다.

《행복의 기원》에 보면 '행복은 강도가 아니라 빈도다'라는 얘기가 나옵니다. 아무리 강도 높은 행복이라도 시간이 흐르면 곧 사라집니다. 로또를 맞아도 행복이 오래 지속되지는 않아요. 한 번 먹으면 포만감이 사라지지 않아 오래도록 행복한 원시인과 배가 불러도 토끼가 눈에 띄면 금세 식욕이 돌아 달려나가는 원시인 중 행복한 삶을 누린 건 전자겠지요. 하지만 생존의 확률이 더 높은 건 후자랍니다. 그렇기에 좋은 기분은 금세 사라지는 쪽으로 진화했어요. 오래도록 행복하려면 강한 자극 한 방을 추구하는 것보다 소소한 즐거움을 자주 맛보는 편이 낫다고 하는군요. 춤의 즐거움도 강도보다 빈도입니다. 언제 어디서나 춤을 출 수 있다면 그 자체로 즐거운 겁니다.

춤만 추면서 놀았더니 전공 학점이 2점대였어요. 취업은 해야겠다 싶어 영어를 공부했습니다. 춤도 혼자 췄듯이, 영어도 혼자 공부했어요. 영어책 한 권을 외우니 회화의 달인이 되더군요. 졸업하고 외국계 기업에 들어가 치과 제품 영업을 했는데요. 치과 영업은 좀 힘들어요. 모든 사람이 울상을 짓고 들어가는 곳에 혼자 활짝 웃으며 가거든요.

"안녕하세요, 선생님. 신제품 소개해드리러 왔습니다."

의사 선생님이 고함을 지릅니다.

"나가!"

그렇게 쫓겨난 날은 우울해서 저녁에 술을 마시기도 했는데요. 술을 먹는다고 힘든 세일즈가 쉬워지지는 않아요. 근무 중 느낀 모멸감이 퇴근 후에도 계속 떠올랐는데, 그러다 보니 꼭 24시간 근무하는 것 같았어요. 퇴근 후에도 일 생각을 하면 숨이 턱 막혔어요.

이렇게 업무가 힘들 때는 무엇을 하면 좋을까요? 근무 외 시간에 평소 자신이 잘하는 일을 하면 됩니다. 저에게는 그게 영어였어요. 무너진 자긍심을 되살리려고 퇴근 후 영어 학원에 다녔습니다. 저녁 6시에 회사를 나와 전철을 타고 종각에 있는 종로외국어학원에 가서 통대 입시반 수업을 들었습니다. 선생님이 CNN 뉴스를 들려주고 학생을 지목합니다. 자신이 들은 내용을 우리말로 통역합니다. 그러고 나면 선생님이 다른 학생을 또 지목합니다. 앞사람 얘기 중에서 원문과 다른 내용을 바로잡거나 빠진 내용을 보충합니다. 즉, 이 수업을 들으려면 CNN 뉴스도 열심히 들어야 하고 다른 학생의 답변도 꼼꼼히 챙겨야 합니다. 수업 중에 딴생각을 할 겨를이 없어요. 공부에 집중하다 보니 낮 동안의 업무 스트레스가 싹 사라지더라고요. 영업보다 영어 공부가 더 재미있었어요. 회사를 그만두고 외대 통역대학원에 진학했습니다.

통역대학원 공부도 만만치는 않더군요. 세상에 영어 잘하는 사람이 그렇게 많은 줄 미처 몰랐어요. 유학생과 교포 2세, 외교관 자녀들을 비롯한 영어 능력자들 사이에서 고전을 면치 못했어요. 힘들 땐 무엇을 한다고요? 내가 가장 잘하는 것을 하는 거죠. 통역대학원 재학생

중에서는 제가 춤을 제일 잘 췄어요. 대학원에서 MT나 야유회를 갈 때마다 나가서 춤을 췄어요. 수업 시간에는 기죽어 지내다가 노는 시간이면 펄펄 날아다녔답니다. 신곡 춤을 익히려고 가요 프로그램도 즐겨 봤어요.

통역대학원 시청각실에는 헤드폰이 달린 TV와 비디오가 여러 대 있는데, 남들은 CNN 뉴스를 녹화해서 받아쓰기하는 곳에서 저는 MBC 〈인기가요 베스트 50〉을 보면서 신곡들의 춤을 따라 췄어요. 나이트클럽에 가면 무대 위를 날아다녔지요. 그 모습을 보고 친구들이 그랬어요.

"야, 이렇게 잘 노는 사람이 평생 통역사로 살면서 그 끼를 썩히는 건 좀 아깝다! 너처럼 잘 노는 사람은 예능 PD를 해도 좋을 텐데."

귀가 솔깃했어요. 사람들 말마따나 춤추고 노는 걸 좋아하니 예능 PD라는 직업도 재미있겠더라고요. 마침 TV에서 MBC 신입사원 모집 공고를 봤어요. 달려가 지원서를 냈어요.

MBC 입사해서도 늘 춤을 추었습니다. 조연출 때 선배가 시켜서 〈인기가요 베스트 50〉 생방송 무대에 올라가 춤을 추기도 했어요. 2011년에는 언론노조 MBC 본부 편제부문 부위원장이 됐는데, 2012년에 파업을 시작하면서 제게 집회 프로그램 연출을 맡기더라고요. 전제가 가장 잘하는 걸로 승부를 봤습니다. 집회에 나가거나 파업 홍보 동영상을 찍을 때 늘 춤을 췄어요. 심지어 MBC 노동조합 조합원

300명을 모아놓고 춤을 추게 하기도 했습니다. 그렇게 만든 〈MBC 프리덤〉이라는 뮤직비디오가 유튜브에 올라간 즉시 조회 수 30만을 기록하고 공전의 히트를 했지요. "파업 영상을 저렇게 만들 수도 있구나!" 하고 다들 감탄했어요.

저의 놀라운 연출력을 보고 회사에서 가만있을 리 없죠. 그 공로를 인정하여 징계 3종 세트를 내리셨습니다. 대기발령에, 교육발령에, 정직 6개월까지. 나라에서도 그냥 넘어가지 않더군요. '이렇게 훌륭한 인재는 국립 호텔로 모셔서 특별히 숙식을 무상으로 제공하고 싶다'라는 강력한 의지를 표명하시더니 제게 구속영장을 두 번이나 청구했어요. '단기 숙박으로는 부족해. 장기 투숙객으로 모시고 싶어'라며 검찰이 제게 징역 2년형을 구형하기도 했습니다. 물론 구속영장은 매번 기각됐고, 무죄 판결이 나긴 했지만 많이 힘들었습니다. 회사에서는 그 후 제게 드라마 연출을 시키지 않았어요. 7년째 제 이름으로 된 드라마를 만들지 못했어요. 심지어 몇 년 전에는 아예 비제작 부서로 쫓겨났어요.

아, 힘들더군요. 괴롭고 분해서 새벽 4시가 되면 눈이 번쩍 떠졌어요. 잠이 안 와요. 무엇을 할까? 고민을 하다 매일 새벽 블로그에 글을 썼습니다. 행복은 강도가 아니라 빈도라고 했지요? 제게는 블로그가 그랬어요. 수백만 명의 시청자가 보는 드라마를 연출할 수 없으니 불행할 줄 알았는데, 아니에요. 블로그에 매일 찾아오는 100명의 방문자도 소중하고 고맙더라고요.

사실 대박 드라마는 PD 인생에 그리 자주 찾아오는 일이 아닙니다. 거기에 내 인생의 행복을 걸면 불행해지기 쉬워요. 드라마 연출이라는 일이 주어지지 않을 때, 저는 블로그라는 놀이에 집중했습니다. 매일매일 소소한 즐거움을 맛보았습니다. 블로그에 '좋아요'가 늘어나고, 댓글 하나둘씩 달리면 그렇게 기분이 좋아요. 어느 순간, 저는 글 쓰는 즐거움을 아는 사람이 됐어요. 지금도 매일 아침 블로그에 한 편씩 글을 올립니다.

어쩌면 제 인생은 지금까지 실패로 점철됐다고 할 수 있습니다. 여자 꼬시려고 춤을 배웠는데 엉뚱하게 춤에 중독되고 말았고요. 통역사 되려고 영어를 공부했는데 엉뚱하게 예능 PD가 됐습니다. 그리고 지금은 드라마를 연출하려다 엉뚱하게 블로거가 되어 있네요. 여자를 사귀어서 행복한 게 아니라, 춤을 연습하는 순간순간이 즐거웠어요. 통역사가 되어서 행복한 게 아니라, 영어 문장을 하나하나 외우는 순간 성장의 성취감을 느꼈고요. 대박 드라마를 연출해서 행복한 게 아니라, 하루 한 편씩 글을 올리는 매 순간이 즐겁습니다.

잊지 마세요, 행복은 강도가 아니라 빈도입니다.

2장

쓰기에서 시작된
능동태 라이프

무엇이 됐든 잘하려면 자주 해야 하고, 자주 하려면 즐거워야 합니다. 블로그나 페이스북에 글을 써보세요. 자기 주도적으로 쓸 수 있고, 다양한 피드백도 받을 수 있어요. 많은 이들에게 전해질 수 있어 개인 홍보에서도 효과 만점입니다. 앞으로는 평생직장이라는 개념이 사라집니다. 작고 소박하고 다양한 일거리를 찾으며 살아야 할 텐데요. 인공지능이 생산을 주도하면서 노동은 일시적이고 단편적으로 조합될 가능성이 큽니다. 이때 인터넷에 올려둔 나의 글이 곧 온라인 자기소개서가 됩니다.

능동적 인생의 시작, 글쓰기

대학 다닐 때, 적성과 무관하게 전공을 택한 데다 학점까지 2점대로 바닥을 기니 진로 선택에 희망이 보이지 않았어요. 어려서 꿈이 문학도가 되는 것이었지만, 그것은 철없던 시절의 로망으로 남겨두어야 했어요. 진로를 생각할 나이가 되니 문과 나오면 밥 벌어먹고 못 산다는 압력이 주변에서 엄청나게 가해지는 거예요. 결국 공대생이 됐는데, 전공에 애착이 가지 않아 학교는 대충 다녔어요.

대신, 틈만 나면 글을 썼습니다. 기왕에 쓴 글을 사람들에게 읽히고 싶었어요. 1990년대 초반이니 인터넷이나 블로그, 1인 미디어가 없던 시절이라 글을 써도 어디 올릴 데가 없었지요. 그래서 1인 잡지를 발간했습니다. 컴퓨터로 출력한 글을 학교 앞 문방구에서 복사하고, 스테이플러로 묶어서, 만나는 사람마다 나눠줬어요.

'민시기의 글밭'이라는 이름까지 단 그 잡지에는 어쭙잖은 시도 있고, 여행기도 있고, 심지어 자작 영문 단편 소설도 있었어요. 그때 글을 지금 다시 읽어보면 정말 유치찬란해요. 어떻게 이런 글을 사람들에게 보여줄 생각을 했을까 하고 뒤통수가 살짝 간지러워져요. 하지만 해적판 문예지를 만들면서 참 행복했어요. 무엇보다 나는 글을 쓰는 직업을 꿈꿨는데, 비록 실현 불가능한 꿈일지라도 글 쓰는 즐거움까지 포기하고 싶진 않았거든요.

어느 날 '민시기의 글밭'을 본 여자 후배가 이런 말을 했어요.

"선배는 PD를 해도 참 잘할 것 같아."

"응? 무슨 얘기야?"

"PD는 사람들에게 이야기를 하는 직업이잖아. 선배는 그걸 즐기는 사람 같아서."

후배와 그런 대화를 나눈 후, 몇 년의 세월이 흘렀어요. 영업사원에 통역사에 다양한 직업을 거치는 동안, 마음 한구석에서는 그 후배의 말이 계속 맴돌았어요.

'PD가 되면, 하고 싶은 이야기를 마음껏 할 수 있을까?'

옛날에는 설익은 글과 생각을 사람들에게 읽히겠다고, 손품 발품 많이 팔았어요. 복사하고 묶어서 사람들을 만나 나눠주고, 다음에 만나면 반응을 들어보고, 또 분발하고. 그에 비하면 요즘은 얼마나 좋은 시절인가요. 아침에 일어나 짬짬이 써놓은 글을 다듬고, 공개 여부를 '발행'으로 고치기만 하면 수백, 수천 명의 사람이 그 글을 읽습니다. '좋아요'를 눌러주고 댓글로 반응을 보여줘요. 정말 멋진 세상 아닌가요!

PD 시험에 무난히 합격한 건 글쓰기를 즐긴 덕분이라고 생각합니다. MBC 서류전형이나 작문 시험이 어렵지 않았어요. 어설픈 1인 잡지를 만들며 나의 이야기를 사람들에게 들려주는 것이 취미였으니까요.

이야기꾼으로 살기 위해 PD가 됐지만, 정작 드라마 PD는 회사에서 연출 기회를 주지 않으면 아무것도 할 수 없는 사람이더군요. 작가가 대본을 쓰고, 배우가 연기를 하고, 카메라 감독이 촬영을 해야 무언가가 만들어지거든요. 지난 몇 년 동안 회사에서 드라마 제작 기회를 주지 않으니 아무것도 할 수 없는 바보가 된 기분이었어요. 그래서 아침마다 글을 썼어요.

일이 잘 안 풀릴 때는 나의 일을 다른 식으로 해석해봅니다. PD란 이야기꾼인 동시에 동기부여 전문가입니다. 재능 있는 작가를 찾아 "당신은 재미난 이야기를 쓸 수 있는 사람입니다"라고 말하고, 좋은 배우를 찾아 "당신은 천의 얼굴을 보여줄 수 있는 연기자입니다"라고 하고, 열정적인 스태프를 찾아 "이 분야에서 당신만큼 일 잘하는 사람 못 봤어요"라고 끊임없이 말해줍니다. 함께 일하는 사람들이 자신의 분야에서 최선을 다하며 즐겁게 일할 수 있도록 응원하는 사람, 그게 바로 드라마 PD입니다.

그렇다면 일상에서 사람들에게 동기부여를 하는 방법은 없을까? 그 지점을 고민하다 블로그에 빠져들었습니다. "세상에 공짜로 즐길 수 있는 것이 얼마나 많은데! 심지어 영어 공부도 공짜로 할 수 있다니까요?" 블로그에 글을 올리는 일이 촬영장에서 드라마를 연출하는 것과 다르지 않더군요. TV 드라마가 아니어도 블로그란 공간에서 재미난 이야기를 할 수 있다는 걸 깨달았어요. 깨달음은 매일매일의 실천으로 이어졌고, 그것이 새로운 일의 기회로 이어졌습니다. 즉, 블로그에 글을 쓰다 보니 어느덧 출판도 하고 강연도 하고 방송에도 출연하는 사람이 되었어요.

요즘 저는 블로그를 통해 하루하루 나의 삶을 응원하며 자신에게 동기부여를 합니다. 자랑하고 싶은 나의 모습을 블로그를 통해 세상에 알립니다. 저 자신을 칭찬하고 토닥여줍니다. "이런 책도 읽었어? 와, 너 멋지다", "이야, 자전거 타고 춘천까지 갔다고? 끝내주는걸?" 하는 식으로 말이죠. 그러면서 조금씩 인생이 즐거워지고 표정이 밝아졌어요. 블로그에서 자랑하고 싶은 일로 하루를 채우려고 노력합니다. 독서나 여행, 영화 감상 등이요. 그러다 보니 어느새 삶이 즐거워졌어요. 블로그는 언제 어디서나 내 곁을 지켜주고, 나의 이야기에 귀 기울여주는 든든한 친구입니다.

창조주보다는
창작자

1980년대 말, 공대를 다니던 저는 미래가 불안하다고 여겼어요. 그래서 앨빈 토플러나 존 나이스비트 같은 미래학자들의 책을 읽었습니다. 이들은 21세기에 세계화와 정보화의 시대가 온다고 한목소리로 예언하더군요. 통신·교통·무역의 발달로 시장이 단일화되고, 정보 기기의 발달로 정보화가 이뤄진다고요. 저는 그처럼 세계 시장이 출범하고 정보 교류가 활발해지면 영어 사용 능력이 중요한 도구가 될 것이라 생각했어요. 그래서 영어를 열심히 공부했고, 덕분에 외국계 회사에 취업했습니다.

1994년에 직장인들을 위한 자기계발서를 탐독하던 저는《종신고용의 시대가 사라진다》라는 놀라운 제목의 책을 봤어요. 일본 경제

학자가 쓴 책인데 지금은 절판됐어요. 예언이 실현됐으니 용도를 다한 거죠. 그 책에 1970~80년대 고도 성장기는 경제 성장 과정에서 특수한 상황이고, 곧 저성장 시대가 도래하여 기업 중에서도 문을 닫는 곳이 늘어난다는 내용이 있었어요. 특히 회사가 모든 것을 보장해줄 것이라 생각하며 회사생활만 열심히 하는 사람은 회사가 문을 닫는 순간 거리로 나앉게 될 것이라고 했어요. 직장인의 신분에 만족하지 말고 전문가가 되어야 일의 세계에서 살아남는다는 조언이었죠.

당시는 첫 직장이 평생직장이고 종신고용이 대세이던 시대였는데, 영업사원으로 사는 것이 갑자기 불안해졌어요. 전문가라고 하기엔 부족하다는 생각이 들었거든요. 그래서 전문가가 되기 위해 외대 통역대학원에 진학했습니다. 평생직장이 사라진다는 책의 예언은 4년 후인 1997년 말 IMF 사태가 터지면서 갑작스레 현실이 됐어요. 1998년에는 이전에 제가 다니던 회사도 구조조정에 돌입했다는 소식을 들었습니다. 제 후임으로 입사한 후배가 그 과정에서 회사를 나와야 했다더군요. 회사를 믿어선 안 됐던 거예요.

1995년 통역대학원에 다니던 저는 제러미 리프킨이 쓴 《노동의 종말》을 읽었어요. 19세기 산업혁명의 결과 인간의 육체노동을 기계가 대신하고, 20세기 정보혁명의 결과 인간의 정신노동을 컴퓨터가 대신하는 시대가 왔습니다. 그렇다면 21세기는 역사상 최초로 인간이 노동으로부터 해방된 유토피아일까요, 아니면 소수의 자본가가 생산설비를 독점하고 다수의 인류는 노동으로부터 소외되는 디스토피아일까요?

리프킨은 그때 이미 가까운 장래에 자동 번역기나 자동 통역 프로그램이 나와 통역사라는 직업이 사라지리라는 무시무시한 예언을 합니다. 그걸 보고 고민했어요. 미래에도 살아남을 직종은 무엇일까. 리프킨은 지식의 2차 생산자나 유통자보다는 1차 생산자가 되라고 했어요. 소설 번역은 자동 번역 프로그램이 대신할지 몰라도, 소설 창작은 인간의 고유 영역으로 오랜 시간 남을 것이라고요. 20세기가 활자 문명의 시대였다면 21세기는 영상 미디어의 시대라는 이야기에, 영상 미디어의 생산자인 PD로 직업을 바꿨습니다.

지난 20년간 PD로 즐겁게 산 건 책의 충고를 따른 덕분이라 생각합니다. 1980년대에 앨빈 토플러가, 1990년대에 제러미 리프킨이 있었다면 지금은 유발 하라리죠. 유발 하라리는 더 엄청난 예언을 합니다.

19세기 산업혁명은 도시 프롤레타리아라는 거대한 신흥계급을 탄생시켰고, 이 새로운 노동자 계급의 전례 없는 필요, 희망, 두려움에 달리 응답할 길이 없었기 때문에 사회주의가 확산됐다. 자유주의가 결국 사회주의에 승리를 거둔 것은 사회주의 프로그램의 가장 좋은 부분들을 채용했기 때문이었다. 21세기 우리는 '일하지 않는 사람들'이라는 거

대한 규모의 새로운 계급이 탄생하는 현장을 목도하게 될 것이다. 그들은 경제적, 정치적, 예술적으로 어떤 가치도 없으며, 사회의 번영, 힘과 영광에 아무런 기여도 하지 못하는 사람들이다. 이 '쓸모없는 계급'은 그저 일자리를 구하지 못한 사람들이 아니라, 일자리를 구할 수 없는 사람들일 것이다.

– 《호모 데우스》(유발 하라리 저 / 김명주 역 / 김영사)

    미래학자들이 예언하는, 앞으로 다가올 두 가지 변화는 수명과 실업률의 증가입니다. 즉, 우리는 장시간 놀아야 하는 세대입니다. 퇴직 후 우리는 무엇을 하며 그 긴 시간을 보내야 할까요?

    1990년대에 영어 공부를 할 때, 회화 청취 자료를 구하려는 욕심에 AFKN을 시청하면서 재미난 시트콤은 전부 비디오테이프에 녹화했습니다. 〈사인필드〉, 〈프렌즈〉, 〈매드 어바웃 유〉 같은 시트콤 중에서 특히 좋아하는 에피소드는 녹화해서 영구소장하려고 한 거지요. 예약 녹화 기능을 활용하기도 했지만, 갑자기 편성 시간이 바뀌어 중간에 끊기는 경우도 많았어요. 그래서 밖에서 저녁을 먹다가도 방송 시간이 되면 집으로 달려와 프로그램 시작과 동시에 비디오 녹화 버튼을 눌렀습니다. 그렇게 수백 개의 카세트테이프를 모았는데, 정작 다시 볼 시간은 없었어요. 늘 새로운 에피소드가 나왔거든요. 요즘엔 인터넷상에서 비디오 스트리밍 서비스를 이용하거나 IPTV에서 미드 방영 서비스로 봅니다. 그러면서 이런 생각을 해요. '그 옛날 비디오 녹화하느라고 괜히 고생했어. 이렇게 집에 앉아 옛날 미드도 간편하게 다 찾아볼 수 있는데 말이야.'

그런데 전보다 선택의 여지가 많아지긴 했지만, 선택한 것에 실제로 집중하기는 힘든 듯합니다. 선택할 수 있는 것이 너무 많아 집중할 수 있는 시간이 오히려 부족하지요. 남이 만든 것을 보고 즐기고자 하면 선택 단계부터 애를 먹습니다. 세상엔 재미난 게 너무 많거든요. 그러다 어느 순간 보면 그게 그거 같아서 심드렁해지기도 합니다. 이제는 자신이 직접 재미난 걸 만들어야 합니다. 긴 시간 놀아야 할 때는 수동적 감상 행위보다 능동적 창작 행위가 더 즐겁습니다. 능동적 창작을 통해서 우리는 성장할 수 있어요.

《호모 데우스》책을 펼치면 맨 앞에 유발 하라리의 자필 문구가 있어요.

'Everything changes.'

'모든 것은 변한다', 절대 변하지 않는 단 하나의 진리이지요. 모든 것은 변합니다. 이제 변화의 시대가 닥쳐옵니다. 세상이 바뀔 때 우리는 무엇을 해야 할까요? 파도가 닥쳐올 때, 두려움에 떨기보다 설레는 마음으로 보드를 꺼내 드는 서퍼가 되고 싶어요. 기왕에 큰 파도가 온다면, 물에 빠져 허우적대기보다는 물에 빠진 김에 수영도 즐기고 싶어요. 수영만 즐기는 게 아니라 바닷속 조개를 뒤져 진주를 캐면 더 좋겠죠. 다가올 파도를 생각하며 서프보드를 닦는 마음으로 오늘도 책을 읽고 글을 씁니다.

유발 하라리는 우리가 '호모 데우스', 즉 창조주의 삶을 꿈꿀 것이라 예언하는데요. 저는 창조주보다 창작자의 삶을 꿈꿉니다. 창작을 연습할 수 있는 가장 쉬운 방법이 바로 블로그 글쓰기입니다. 누구나 창작자로 살 수 있는 가장 쉬운 길이 바로 블로그에 있거든요.

누구나 창작자가
될 수 있다

어린 시절 팝송을 즐겨 들었지만, 돈이 없어 LP판이나 카세트테이프를 살 형편이 못 됐습니다. 가난하다고 팝송을 못 들으랴. 라디오 겸용 카세트 리코더로 방송을 듣다가 좋아하는 노래가 나오면 잽싸게 녹음 버튼을 눌렀습니다. 때론 녹음 시작했는데 DJ의 멘트가 나오기도 하고, 광고 때문에 2절이 잘리기도 했어요. 짜증도 내고 울분을 터뜨리기도 했어요. 노래 한 곡 내 것으로 만들기도 참 어려운 시절이었습니다.

대학 시절, 영어를 독학했습니다. 돈이 없어 회화 테이프나 영어 잡지를 살 형편은 못 되니 라디오 AFKN 방송에서 매시 정각에 하는 AP연합뉴스를 들었습니다. 날마다 일과는 매시 정각 5분간 방송하는 뉴스 위주로 돌아갔습니다. 가난한 짠돌이었지만 뜻이 있으면 무엇이든 공짜로 할 수 있다는 믿음을 실제 구현하던 시절이었지요.

음악을 소유하고 싶은 욕심에 음악감상실을 운영하는 꿈을 꾼 적도 있는데, 애플의 아이팟을 만나고 나서 소박하게나마 이뤘습니다. 작은 아이팟 한 대에 수천 곡의 노래가 들어가니 내가 있는 곳은 어디나 음악감상실이 되더군요. DJ가 틀어주는 노래만 듣는 라디오와 달리 내 맘대로 노래를 찾아서 듣는 것도 맘에 쏙 들었고요.

공짜를 사랑하는 제게 더 큰 희열을 안겨준 건 아이튠즈에서 만난 팟캐스트였습니다. 아이튠즈에서 팟캐스트 제공자를 검색하면 BBC, CNN, ABC 등 세상 모든 영어 뉴스가 뜨는데 전부 공짜입니다. 스마트폰에 다운로드하면 매시 정각에 나오는 라디오 뉴스에 나의 일상을 맞출 필요 없이, 언제 어디서나 공짜로 즐길 수 있습니다.

팟캐스트(PodCast)란 아이팟(iPod)+방송(Cast), 즉 아이팟으로 듣거나 보는 방송을 말하죠. 이제는 아이팟이 사라지고 스마트폰 전용 앱들이 나오면서 '팟빵'으로 즐기는 사람이 많습니다. 콘텐츠를 구독할 수 있어 오디오건 비디오건 새로운 에피소드가 나오면 자동으로 다운받아서 언제든지 즐길 수 있습니다. 팟캐스트는 이제 더는 아이팟이나 아이폰의 전유물이 아닙니다. 다양한 팟캐스트 구독 프로그램이 생겼고, 아이팟의 전용이 아니란 뜻에서 용어도 새롭게 'Personal On Demand Broadcast'를 줄인 'PODcast'라고 규정하기도 합니다. 사용자들이 필요에 따라 다운로드받아 즐길 수 있는 방송이란 뜻이지요.

팟캐스트는 영어 공부든 세상 공부든 공짜로 하고 싶어 하는 사람 모두에게 아주 유용한, 콘텐츠의 보물창고입니다. 국내 팟캐스트 앱으로는 팟빵이 인기인데요. 팟캐스트에 대해 쉽게 설명해주고 만드는 방법까지 알려주기 때문입니다. 팟빵에서 가장 즐겨 찾는 코너는 팟캐스트 순위입니다. 클릭만 하면 채널의 장벽을 초월하여 요즘 가장 잘나가는 프로그램들이 메뉴판처럼 펼쳐집니다. 언제든지 팟빵 메뉴판을 펼쳐서 듣고 싶은 팟캐스트를 들을 수 있는 시대, 어릴 적 라디오에 매달려 애타게 팝송을 듣고 영어 공부를 했던 저에게는 벅찬 세상입니다.

여기까지가 제가 팟캐스트에 반하게 된 계기라면, 제가 팟캐스트에 푹 빠진 이유는 바로 사용자에서 콘텐츠 공급자로 자리 이동이 이뤄졌기 때문입니다.

영화를 즐기는 3단계는 즐기고, 비평하고, 만드는 것이라고 하는데요. 드라마 팬의 3단계도 마찬가지예요. 드라마를 열심히 보다 보면, 재미있는 것과 재미없는 것을 가려내는 안목이 생기고, 재미있는 것을 직접 만들어보고 싶은 욕심이 생기거든요.

즐기는 것은 누구나 할 수 있지만 비평을 하는 것은 전문가의 영역이었어요. 영화 비평, 신상품 리뷰 등이 대표적이죠. 하지만 블로그 덕에 비평이 보편화됐습니다. 전문 평론가 뺨치는 실력으로 리뷰를 생산하는 블로거가 많아요. 한때는 신문의 맛집 기행이 최고의 권위를 자랑했으나, 요즘은 파워블로거 맛집 탐방 포스트에 밀립니다. 블로그는 전문가의 영역이었던 비평을 보편화한 도구입니다. 그처럼 비평은 누구나 할 수 있게 됐으나, 방송을 만드는 것은 여전히 전문가의 영역이었어요. 하지만 팟캐스트와 유튜브, 페이스북 동영상의 등장으로 이제는 영상을 만드는 일도 갈수록 보편화되고 있습니다.

누구나 PD가 될 수 있는 시대가 왔어요. 방송사에 입사해야만 방송을 만드는 시대는 갔습니다. 팟캐스트는 매스미디어라는 그들만의 리그에 갇혀 있던 방송을 만인의, 만인에 의한, 만인을 위한 미디어로 해방시켰습니다.

쓰는 것도 보는 것도
다 공짜

대학 시절, 영화에 빠져 살았습니다. 현실은 우울한데 영화관에 앉아 있는 동안에는 세상 근심이 싹 잊히더라고요. 고교 졸업 이후 수백 편의 영화를 봤습니다. 영화인의 길을 꿈꾸던 시절, 한 신문에서 구인 광고를 봤어요. 에로 비디오 제작사로 많은 팬을 거느리고 있는 유호프로덕션의 신입사원 채용 공고였습니다.

1991년 가을로 기억하는데, 구인 광고에서 유호프로덕션이라는 이름을 보는 순간 갑자기 얼굴이 붉어지며 가슴이 쿵쾅거렸어요. 아마도 그 회사 작품을 많이 봐서 자동 연상이 되어 그랬을 텐데요, 저는 그 쿵쾅거림을 다른 설렘으로 해석했어요. '그래, 제임스 캐머런 같은 할리우드의 거장들도 B급 영화감독 출신이잖아? 충무로의 B

급 제작사라면 역시 유호프로덕션이지. 에로 비디오를 연출하며 영화감독 데뷔를 꿈꾸는 거야!' 광고에 나와 있는 유호프로덕션의 주소가 충무로더라고요. 충무로 하면 영화인들의 고향 아닙니까!

그렇지만 에로 비디오 감독의 꿈은 끝내 실현하지 못했어요. 당시 만나던 여자 친구에게 말할 용기가 안 나는 거예요.

"그래서 선배는 졸업하고 뭐 하고 싶어?"

"에로 영화감독."

(웅?)

결국 여자 친구 눈치 보느라 유호프로덕션 입사는 일찌감치 접었습니다. 워낙 어렵게 사귄 여자 친구였던지라 당시 제게는 취업보다 연애가 더 큰 과제였거든요.

영화 다음으로 좋아하는 취미가 배낭여행이었어요. '여행 다니는 것도 좋아하고, 사람 만나는 것도 좋아하고, 외국어 공부까지 좋아하니, 관광 가이드가 딱이네!' 하는 생각이 들었어요. 관광 통역 가이드 자격시험을 보려고 했는데요. 시험을 보려면 정해진 교재를 사고 학원에서 강의를 들어야 하더군요. 돈이 없어서 벌려고 일하는 건데, 일을 하려면 돈부터 내라는 게 이해가 안 되더군요. 결국 돈 들이기 싫어 관광 가이드의 꿈은 접었습니다.

놀면서 일하는 궁극의 직업을 찾아온 곳이 방송사예요. 시트콤이나 미드를 좋아하니까 그런 걸 만들면서 살아도 좋지 않을까 하는 생각이었죠. 그러니까 저는 일이 주목적이 아닙니다. 노는 게 우선인 거죠. 열심히 놀다 그걸 직업으로 연결해보려 합니다.

나이 50에도 저의 진로 고민은 계속됩니다. 이제 곧 은퇴인데 퇴직하면 무엇을 할까? 이제 조금씩 밤샘 야외 촬영도 힘들어지더군요. 연출 감각도 예전만 못한 것 같고요. 뭘 해야 할까요? 은퇴 후의 창업을 검색해보니, 돈이 너무 많이 들더군요. 카페 창업, 투자 이민 같은 정보가 많던데 밑천이 만만치 않더라고요. 하지만 저는 돈 벌려고 돈 쓰는 건 싫어합니다. 한 푼 안 들이고 벌어야 진짜 남는 장사거든요. 돈 안 들고 할 수 있는 일이 어디 없을까? 그러다 블로그를 시작했습니다. 블로그는 쓰는 것도, 보는 것도 다 공짜입니다. 생산자와 소비자 모두 돈 안 들이고 즐길 수 있는 취미지요. 책 읽는 것도 좋아하고 글 쓰는 것도 좋아하니, 블로그에 글을 올리며 전업 작가의 꿈을 준비하면 어떨까 그렇게 생각했어요.

'프립'이라는 소셜 액티비티 플랫폼 앱이 있습니다. 잘 노는 사람이 같이 놀고 싶은 사람을 모으는 거죠. 예를 들어 '종로 야한 하이킹'이라 하여 밤에 인왕산을 올라 서울 야경을 감상하는 프로그램이 있어요. 경복궁역에서 사직공원과 모자바위를 지나 인왕산 정상까지 야간 산행을 하는 겁니다. 인왕산에서 보는 서울의 야경이 기가 막힌데 여자 혼자 가기는 쉽지 않잖아요? 산행이 서툴러 마음을 먹기가 어려울 수도 있고요. 그럴 땐 이런 소셜 프로그램에 참가 신청을 해서 함께 놀아도 좋겠지요. '둘레길 완전정복'이라 해서 주말 오전부터 반나절 동안 서울 둘레길을 걷는 프로그램도 있습니다. 둘 다 참가비 5,000원으로 재미나고 유익하게 놀 수 있습니다. 저는 나이 들어 퇴직하면 이런 저가형 놀이 프로그램을 운영하면서 용돈을 벌고 싶어요. 용돈은 둘째치고 같이 놀아주는 친구를 구할 수 있으니 그것만으로도 감지덕지하지요.

요즘 재미 삼아 서울 인근 여행 코스를 개발하고 있는데요. 퇴직 후에는 이게 소일거리가 될 수 있겠다는 생각이 드네요. 지금까지 거쳐온 저의 직업 중 통역사와 드라마 PD를 조합하면 저만의 독특한 서울시 투어 프로그램도 짤 수 있을 것 같습니다. '영어로 진행하는 서울 드라마 촬영 명소 나들이', 어때요? 평생 해온 일, 그 재미있는 일을 나이 들어서 다른 사람들과 나눌 수 있다면 얼마나 좋겠습니까.

세상에
나를 알려라

PD나 기자 지망생들은 보통 글쓰기 하면 논술 스터디를 떠올리는데요. 비평이나 평가를 염두에 둔 작문은 즐겁지가 않아요. 무엇이 됐든 잘하려면 자주 해야 하고, 자주 하려면 즐거워야 합니다. 블로그나 페이스북에 글을 써보세요. 자기 주도적으로 쓸 수 있고, 다양한 피드백도 받을 수 있어요. 많은 이들에게 전해질 수 있어 개인 홍보에서도 효과 만점입니다. 앞으로는 평생직장이라는 개념이 사라집니다. 작고 소박하고 다양한 일거리를 찾으며 살아야 할 텐데요. 인공지능이 생산을 주도하면서 노동은 일시적이고 단편적으로 조합될 가능성이 큽니다. 이때 인터넷에 올려둔 나의 글이 곧 온라인 자기소개서가 됩니다.

직장인에게 책 한 권을 쓰라고 권하는 자기계발서가 많아요. 다음과 같은 세 가지 이유에서인데요. 첫째, 책을 쓰려면 그 분야에 대한 책을 읽고 공부를 하게 됩니다. 둘째, 글을 쓰면서 생각이 정리되어 그 분야의 전문가가 돼요. 그리고 셋째, 출판된 책을 통해 자신을 홍보할 수 있어요. 단계별로 자신을 성장시키는 좋은 방법이지요? 블로그 글쓰기 역시 같은 효과가 있어요. 일단 평소에도 책을 꾸준히 읽게 돼요. 글쓰기는 책 읽기부터 시작하니까요. 글을 쓰면서 관심 주제에 대해 자신만의 생각을 정리하는 훈련을 하게 됩니다. 그리고 당연히 자신을 알리게 되죠.

앞으로 소셜미디어에 글을 쓸 때, 자신을 세상에 홍보하는 광고 카피를 쓴다고 생각하면 어떨까요? 정철의 《카피책》은 카피라이터나 지망생들을 위해 쓴 카피 작성 교본인데요, 글쓰기 공부 교재로도 좋아요. 글을 잘 쓰고 싶다면 광고 카피 뽑듯 써야 합니다. 광고 카피에서 첫 번째 고려 사항은 경제성입니다. 신문 지상이든 방송 화면이든, 광고에서는 카피 한 자 한 자가 다 돈이거든요. 짧고 힘 있는 글쓰기가 광고의 승부처입니다.

자기소개서나 논술의 글쓰기에서는 첫머리 문장 몇 개로 승부가 납니다. 심사위원의 눈길을 초반에 사로잡아야 하거든요. 어떻게든 상대를 설득해야겠다는 욕심이 지나치면 장황해지기 쉽습니다. 불타는 열정으로 장광설을 늘어놓으면, 쓰는 사람은 신났을지 몰라도 읽는 사람은 짜증이 나죠.

자기소개서도 광고처럼 한 글자 한 글자, 아껴 써야 합니다. 글자 수를 줄여 읽는 사람의 시간도 아껴주어야 합니다. 여행기를 쓰면 자꾸 글이 길어지기 쉽습니다. 그래서 어떤 여행 작가는 여행 다녀오고 시간이 좀 흐른 후에 쓴다는군요. 시간을 두고 기록하면 가치가 있는 내용만 걸러진다고요. 독자의 시선을 사로잡을 방법도 자꾸 고민해봐야 합니다. 평범한 글로는 시선을 끌지 못해요. 서울 지역보다 5,000만 원 더 싼 용인의 아파트를 광고한다고 할 때, '서울보다 훨씬 저렴한 파격 분양가!'는 아무런 인상도 남기지 못합니다.

"용인에 집 사고 남는 돈으로 아내 차 뽑아줬다."

이 정도는 되어야 머릿속에 그림이 그려집니다. 평소 갖고 싶었던 차가 번쩍 떠오르고 가족이 기념으로 드라이브 떠나는 모습, 새 차를 타고 동해안 7번 국도를 달리는 모습이 막 그려집니다. 모호한 개념보다 선명하게 그림을 그려주는 글이 효과적이라는 거지요.

"당신이 쓰는 모든 글이 카피다."

이 말이 참 와닿습니다. SNS 시대, 우리는 모두 나라는 상품을 세상에 홍보하는 카피라이터가 되어야 하니까요.

인터넷의 바다를 활보할
나의 분신

바쁜 와중에 어떻게 글을 쓰느냐고 궁금해할 수도 있습니다. 바쁜 사람일수록 블로그를 해야 할 이유가 뚜렷합니다. 일본에서 가장 바쁜 사람 중 하나가 츠타야 서점을 만든 마스다 무네아키 사장이 아닐까 싶습니다. CCC(Culture Convenience Club) 그룹을 이끄는 그는, 일본에서 혁신의 아이콘이라 불리는 사람이지요.

마스다는 1982년에 음반 대여점을 열면서 사업에 첫발을 내딛습니다. 'Culture Convenience Club(굳이 번역하자면 문화 편의점?)'이라는 상호를 내걸고 사업 다각화를 시작하지요. 우리에게 유명한 츠타야 서점은 그중 하나고요. 일본에서 가장 빠르게 성장하는 콘텐츠 그룹을 키우면서 마스다는 고민을 합니다. 친구와 둘이서 시작한 사업이 어느 순간 그룹이 되었어요. 전국에 지점과 점포가 늘어나면서, 자신의 경영 철학이나 비전을 직원들과 직접 나누기 힘들어졌어요. 2007년 2월에 그는 CCC 그룹 사원을 대상으로 블로그를 시작합니다. 10년 동안 블로그에 1,500건 가까운 포스팅을 올립니다. 그중 엄선한 글을 책으로 묶은 것이 《취향을 설계하는 곳, 츠타야》입니다.

'사람은 명령이 아니라 꿈에 의해 움직인다'는 블로그 글을 통해 마스다는 이렇게 말합니다.

> 리더는
> 사람을 통합하고 움직이는 힘을
> 갖춰야 하지만,
> 기술력도 물론이거니와
> 그 집단이 가져야 할 꿈을 그리는 힘이 더 중요하다.
>
> '세계 최고의 기획회사'
> 그것이 CCC를 시작한 이래의 꿈이다.
> -《취향을 설계하는 곳, 츠타야》(마스다 무네아키 저 / 장은주 역 / 위즈덤하우스)

일본 애니메이션 영화 〈공각기동대〉의 마지막 대사처럼, "네트는 광대"합니다. 블로그란, 그 넓은 인터넷의 바다에 만들어놓은 나의 분신입니다. 네트워크에 올려둔 나의 글이 나를 대신해 사람을 만납니다. 전국에 있는 직원을 직접 만나 자신의 비전을 공유하고 가치를 나누면 좋겠지만, 그럴 시간이 없을 때, 마스다 무네아키는 블로그에 올려둔 자신의 분신을 통해 사원들을 만납니다.

현대는 문화예술의 시대입니다. 연예인들이 많은 사람에게 사랑 받는 이유가 무엇일까요? 그들이 분신술의 대가이기 때문입니다. 가수나 배우는 음악이나 드라마의 디지털 복제본을 통해 대중을 만납니다. 우리는 연예인들의 디지털 분신과 사랑에 빠져요. 마치 스타가 내 귀에 대고 사랑 노래를 불러주고, 내 눈앞에서 사랑 고백을 하는 것 같은 환상에 빠지지요.

2007년 영국 런던에 연수를 간 적이 있어요. 미국의 팝 스타 프린스가 새 앨범을 냈는데요. 당시 인터넷 불법 다운로드가 극성을 부려 가수들이 CD를 만들어도 팔리지 않기 시작했어요. 음반으로 돈을 버는 시대가 끝나고 새로운 수익원을 찾아야 할 전환기였지요. 그때 프린스는 자신의 신보 CD를 무료로 나눠줬습니다. 영국의 유명 일간지 일요판에 특별 부록으로 끼워 전국에 뿌렸어요. 정식 발매하면 1만 원이 넘어가는 CD를 공짜로 뿌렸으니 사람들은 난리가 났지요. 사실 CD 제작비는 그리 비싸지 않아요. 이제 어딜 가도 프린스의 신곡이 나왔어요. 영국 빌보드 차트 1위를 차지하고 몇 주 후, 프린스가 영국에 와서 콘서트를 열었는데, 그 공연이 대박이 났습니다. 1만 원짜리 CD는 무료로 나눠주고, 수십만 원짜리 티켓을 판 거지요.

싸이의 '강남 스타일' 뮤직 비디오도 마찬가지예요. 유튜브에서 무료로 볼 수 있는 뮤직비디오가 대박을 내자 싸이의 라이브 공연 역시 성황을 이루게 됩니다. 공짜로 즐길 수 있는 콘텐츠, 그것이 노래건 영상이건 글이건 디지털 정보는 삽시간에 복제되어 퍼져 나갑니다. 인터넷에 올린 나의 콘텐츠가 복제되어 숱한 사람을 만나고, 그것은 다시 현실에서 나의 가치를 올려줍니다.

인터넷 복제의 시대, 블로그는 가장 쉽게 사용할 수 있는 분신술 도구입니다. 나의 생각, 나의 꿈, 나의 일을 블로그를 통해 전시하세요. 바쁜 사람일수록 블로그를 해야 합니다. 나의 글이 나를 대신해 나의 가치를 전파할 테니까요.

유튜브 단편 영화 제작 매뉴얼

PD는 평소에 어떻게 놀까요? 저는 미디어를 갖고 놉니다. 때로는 혼자서 영화를 찍고 토크쇼를 제작하기도 해요. 회사에서 혼자 페이스북 라이브도 하고요. 돈 한 푼 안 들이고 공짜로 제작하는 나만의 영상 콘텐츠! 휴대전화로 영상을 찍고, 무료 앱으로 편집하고, 유튜브나 페이스북에 올려 모든 사람과 나누는 시대가 왔어요. 놀면서 만드는 '저예산 독립 SF 영화 제작기'를 공개합니다. 영화감독이나 PD를 꿈꾸는 사람이라면 재미 삼아 도전해보기 바랍니다. 유튜브에 저예산 영화를 올려 전 세계에 배급하기! 새로운 미디어 시대의 신기원을 몸소 체험하게 될 것입니다.

단편 영화 제작의 5단계

1. 기획

어떤 영화를 찍을까요? 그 답은 평소 자신이 무엇을 좋아하느냐에 달려 있습니다. 저는 SF 마니아입니다. 예전에 아이작 아시모프의

SF 소설을 번역할 때 인연을 맺은 출판사 편집자들이 있어요. 한 달에 한 번씩 만나 좋아하는 영화와 만화, 미드 얘기를 나누다가 어느 날 문득 "우리끼리 SF 영화 한번 만들어볼까?" 했어요.

멤버 각자가 시나리오를 쓰고, 직접 연기하고, 스태프도 번갈아 하기로 의기투합했지요. 어떤 시나리오를 쓸까? 두 가지 기준만 정했습니다. 첫째, SF라야 한다. 저예산 셀프 영화인데 SF라니? 명색이 SF 마니아들인 만큼 당연히 SF를 찍어야지요. 저예산으로 가능할까? 블로그에 올려둔 시나리오를 한번 보시지요.

둘째, 영화 촬영은 무조건 1박 2일 동안 놀러 가서 완료한다. 그래서 시나리오 배경은 무조건 캠핑장이나 펜션이 있는 휴양지여야 했어요. 일하는 게 아니라 노는 게 우선이니까요.

2. 대본 집필

각자 만들고 싶은 영화의 아이디어가 정해지면, 기획안을 가지고 모여서 회의를 합니다.

"난 이런 얘기를 해보고 싶은데, 어때?"

여섯 명이 기획안을 내놓고, 그중 가장 먼저 시나리오로 만들고 싶은 기획안을 고릅니다. 아이디어 가운데 가장 호응이 좋은 작품을 고릅니다. 놀자고 하는 일이니, 상업적 고려는 집어치우고 가장 재미있는 이야기를 고릅니다.

선택된 기획안을 내놓은 사람이 직접 대본을 씁니다. 우리 대본의 특징은 출연자가 여섯 명을 넘어가지 않는다는 것이지요. 당시 모임 총인원이 여섯 명이니 한 장면에 여섯 명 전체가 나와도 안 되는 거였어요. 누군가는 카메라를 잡아야 했으니까요. 나머지는 대본을 쓰는 사람이 내키는 대로 자유롭게 썼어요. 말이 되는지 안 되는지, 촬영이 가능한지 아닌지는 나중에 고민하기로 하고요.

시나리오 작가 역할을 맡게 된 친구가 대본 초고를 작성하면 모두에게 메일로 보냅니다. 각자 초고를 읽은 후 다 같이 모여서 대본 수정 회의를 합니다. 회의를 하면서 촬영으로 옮기기에 불가능한 부분에 대해서는 대체 신을 고민한다든지, 진행에 수월한 방향으로 대본을 수정했어요.

대본 수정 회의를 하는 요령이 있어요. 누구나 자유롭게 의견을 내지만, 최종 결정은 작가에게 일임합니다. 아무리 좋은 아이디어라도 작가가 받아들이지 않으면 거기까지예요. 대본 회의를 다수결로 결정하지는 않습니다. 회원 다수의 의견으로 작가의 고유 창작권을 침범해서는 안 되거든요. 창작 활동은 모두가 동일한 의결권을 갖는 민주적 회의 과정이 아니라 한 사람의 창작자가 이야기를 책임지는 작업입니다. 최종 결정권은 항상 작가에게 있다는 점을 인정해야 합니다. 대본을 집필하는 데에도 공을 많이 들여야 해요. 그래야 촬영할 때 힘이 덜 들거든요. 대본이 부실하면 촬영 과정에서 헷갈리기 일쑤고, 편집하고 나서 "그런데 말이야…, 이게 왜 재미있는 거지?" 하고 좌절하게 됩니다. 모두가 대본을 냉정하게 읽고 판단해서 바꿔야 할 것은 바꾸고, 바꾸어도 살아나지 않는 대본은 포기하고 새로 찾아야 합니다. 촬영이나 편집 과정에서 재미난 대본을 망칠 수는 있어도, 애초에 재미없는 대본을 살릴 수는 없어요. 무조건 최종 결과물의 재미 중 80퍼센트는 대본에 이미 담겨 있어야 합니다.

대본 수정을 거쳐 완고가 나오면, 촬영을 앞두고 대본을 읽으며 간단히 연습을 합니다. 우리 팀이 대본 읽기를 위해 즐겨 찾는 장소는 홍대 앞 카페의 지하 별실이었는데, 마치 벙커나 아지트 같은 분위기가 감도는 것이 남들의 눈을 피해 몰래 연기 연습을 하기에 안성맞춤이었어요. 아마추어들끼리 연기 연습을 할 때는 그래야 자연스러운 연기가 나옵니다. 우리는 특히 숨어서 연습을 많이 했습니다. 대본 리딩할 때 외계인 연기나 UFO를 쫓는 FBI 요원 연기를 해야 하니까요.

3. 촬영

1박 2일간 놀러 가서 마음껏 찍습니다. 포인트는 즐겁게! 무슨 과제도 아니고 어디 출품할 것도 아닙니다. 그냥 우리끼리 재밌어서 하는 일이니 즐겁지 않으면 의미가 없잖아요. 우리가 쓴 카메라는 영화 같은 화질로 주목받는 디지털카메라인 오두막(캐논 EOS 5D Mark II)이었지만, 요즘엔 스마트폰으로도 고품질의 촬영을 할 수 있습니다.

아마추어 영화 촬영에서 핵심은 형식이나 전문 용어에 얽매이지 말라는 것입니다. 어려운 촬영 용어나 카메라 포커스에 너무 신경 쓰지 마세요. 기술적인 완성도를 높이느라 촬영 진도가 느려지면 구성원들의 성취감은 물론이고 작업 효율도 떨어지거든요.

우리는 10분짜리 단편 영화 한 편 찍는 데 열다섯 시간 정도가 걸렸습니다. 토요일 오전 10시경에 도착해서 캠핑장에 자리를 잡고는 점심을 먹고 오후 내내 촬영을 합니다. 촬영을 할 때 같은 장소의 분량은 가능한 한 몰아서 찍습니다. 이때 한 장면당 풀 샷, 바스트 샷, 클로즈업 샷 등을 찍어놓는 게 나중에 편집할 때 활용하기 좋습니다. 저녁에는 그날 촬영한 영상을 모니터하면서 놉니다. 서로 연기한 장면을 보고 부족한 컷이 있으면 다음 날 보충촬영을 합니다. 촬영을 무리하게 오래 하면 지쳐요. 시간을 효율적으로 이용하기 위해 공간을 알차게 활용해야 합니다. 배경의 그림을 욕심내서 무리하게 멀리 가서도 안 됩니다. 휴대전화로 촬영하고 인터넷으로 배급한다고 할 때, 화질에 대한 욕심은 별 의미가 없습니다. 그림을 잡느라 분위기를 희생하기보다 현장의 즐거움을 우선으로 작업하는 게 좋아요.

4. 편집

많은 아마추어가 편집에서 고민을 합니다. 어떻게 해야 좋은 편집일까? 저는 가능하면 편집에도 기교를 부리지 말라고 당부하고 싶습니다. 자막이나 화면 효과, 장면 전환 등 편집 단계에서 공을 들이기보다 촬영할 때 고민하는 편이 좋아요. 예를 들어 이야기를 더 쉽게 전달하기 위해 어떤 앵글을 쓰는 게 효과적인가 하는 것도 촬영할 때 고려해야 하는 사항이죠. 주인공의 감정 표현이 중요한 장면에서는 배경 그림이 예쁘다고 큰 앵글을 보여주면 안 되고, 차분하게 장면이 바뀌는 장면에서 갑자기 튀는 효과가 들어가도 안 되죠. 시청자의 몰입감이 깨지거든요. 보는 사람이 편집을 의식하지 않는 게 가장 좋은 편집입니다.

편집 과정에서의 연출의 개입, 즉 두드러지게 할 것인가, 티 안 나게 할 것인가 등에 대한 답은 장르적 특성에 달려 있습니다. 인생은 가까이서 보면 비극, 멀리서 보면 희극이라잖아요? 코미디는 화면 속 상황과 시청자의 거리 두기가 끊임없이 필요한 장르이고, 드라마는 시청자가 극에 몰입하여 가까이 갈수록 호응이 커지는 장르입니다. 그래서 코미디는 풀 샷을 좋아하고 드라마는 타이트 샷을 좋아합니다. 거리 두기냐 몰입이냐, 그것을 결정하는 것도 연출입니다.

편집에서 꼭 기억해야 할 또 하나의 요소가 러닝 타임입니다. 유튜브나 페이스북으로 배급하는 것이 목표라면 작품의 러닝 타임이 15분을 넘지 않는 게 좋습니다. 유튜브에서는 15분이 넘는 동영상 업로드에 제한이 있어요. 아마추어 영상의 경우, 15분이 넘는 영상은 저

작권 침해물일 가능성이 크기 때문이라는 거지요. 짧은 영상을 올려 품질을 검증받으면 본격적으로 장편을 올릴 수도 있습니다. 그런데 유튜브 시청자들의 특성상 호흡이 짧은 영상을 더 선호하며, 15분 이상의 아마추어 단편 영화는 대개 지루함을 떨치기 어렵습니다. 대본 리딩할 때, 가능한 한 시간을 조절하는 편이 좋습니다. 고생해서 찍은 걸 시간을 줄이느라 편집으로 날리면 아깝거든요.

5. 배급

예전에는 아마추어 영상물을 만들어도 친구들끼리 모여서 상영회를 하고 끝내는 경우가 많았지요. 이제 유튜브에 올리면 전 세계 사람들이 시청할 수 있어요. 저 역시 유튜브 채널에 〈K-drama 101〉이라는 영상을 올렸는데, 온라인 배급이 이렇게 쉬운 일인가 하고 깜짝 놀랐습니다.

유튜브를 통해 자기 작품을 배급하기 위해 제일 먼저 필요한 것은 유튜브 계정입니다. 아직 제작한 영상이 없어도 일단 계정은 만들어둘 것을 권합니다. 'free2world'는 제 블로그 아이디이자 트위터 아이디입니다. 그런데 유튜브에서 이미 누군가 사용하고 있어 부득이하게 'TheFree2world'로 채널명을 정했습니다. 유튜브는 아이디가 곧 채널 이름이기 때문에 좋은 아이디를 원한다면 늦기 전에 계정부터 만드는 게 좋습니다.

3장

쓰면 쓸수록
득이 된다

저의 꿈은 퇴직 후에도 조금씩 수입을 올리는 것입니다. 평생 일하며 부은 국민연금과 개인연금을 생활비로 쓰고, 취미 삼아 하는 일로 월 100만 원만 벌어도 좋겠어요. 한 달에 원고료 30만 원, 강연료 50만 원, 인세 20만 원을 버는 게 꿈입니다. 그 꿈을 위해 오늘도 저는 새벽에 일어나 컴퓨터 앞으로 가서 키보드를 두들깁니다. 나는 왜 쓰느냐, 즐거운 노후 생활을 위해서입니다.

블로그의 수지를
따져보다

새로운 진로를 모색할 때면 항상 책으로 공부합니다. PD로 일할 때도, 블로그를 시작할 때도 선배들이 쓴 책을 읽었습니다. 이제 퇴직 후 전업 작가를 꿈꾸는 저는 작가 수업도 책으로 합니다. 과연 작가는 돈을 얼마나, 어떻게 버는 걸까 궁금해서 찾아보았습니다. 모리 히로시가 쓴 《작가의 수지》라는 책이 눈에 띄더군요.

일본 한 국립대학에서 부교수로 일하던 모리 히로시는 나이 마흔인 1996년에 처음 소설을 씁니다. 프라모델 수집이 취미인데 부교수 월급으로는 여유롭지가 않았어요. 용돈이나 좀 벌어보려고 늦깎이 작가로 데뷔합니다. 이후 19년간 278권의 책을 쓰고, 인세로만 약 155억 원을 법니다. 이 정도면 프라모델로 성 하나쯤은 거뜬히 쌓을 수 있을 것 같아요. 저자는 요즘 정원에서 자신이 만든 모형 열차를 타고 노는 게 일이라는군요. 저택 정원에 레일을 깔고 모형 열차를 타고 한 바퀴 도는 게 일과라니, '성공한 덕후'란 바로 이런 사람이겠지요?

어지간한 일본 작가는 다 안다고 생각했는데, 모리 히로시라는 이름은 생소했어요. 크게 유명한 작품을 남긴 것도 아니라는 얘기일 겁니다. 그런데도 155억 원이나 되는 인세 수입을 올렸다는 게 놀랍지요. 일본의 출판 시장이 그렇게 큰가? 살짝 부럽습니다. 저는 정원 열차까지 타고 싶은 생각은 없고요. 언젠가 인세를 받아 손주에게 토마스 기차놀이 세트만 사줘도 좋겠어요. 딸들에겐 짝퉁 사줬는데 손주에게는 정품을 사주는 멋쟁이 할아버지가 되고 싶어요.

책을 많이 팔고 싶지만, 잘 팔리는 책을 쓰기란 쉽지 않은 일입니다. 히로시는 판매 부수를 늘리기 위해 무엇을 해야 하는지는 작가 스스로 고민하고 노력해야 한다고 말합니다. 편집자를 찾아가 "잘 팔리는 책을 쓰려면 어떻게 해야 할까요?"라고 물어보지 말라는 거예요. 출판사 입장에서는 안 팔리는 작가를 잘 팔리는 작가로 만드는 것보다 더 잘 팔리는 작가를 찾아내는 쪽이 더 쉽기 때문이라고요. 확 와닿는 말씀입니다. 드라마 연출로 일하면서 저도 마찬가지 생각을 했어요. 연기력이 부족한 배우를 데려다 잘 키우는 건 쉽지 않습니다. 조언이나 충고를 해준다 해서 탁 깨우치고 변신하는 사람은 별로 없습니다. 자연스러운 연기란 오랜 세월이 쌓여서 절로 우러나는 것이거든요. 어디 연기자만 그런가요? 연출가도 그렇고, 작가도 그렇습니다. 성장은 오로지 자신의 책임입니다. 스스로 고민하고 방법을 깨우쳐야지요.

흔히 돈 얘기를 하면 천박하다고 생각하는데요. 모리 히로시는 작가가 얼마를, 어떻게 버는지 꼼꼼히 보여줍니다. 돈이 최우선은 아니지만, 돈이 벌리면 그 일을 계속하기가 훨씬 쉽잖아요. 그가 작가 지망생들에게 들려주는 궁극의 충고가 있어요.

> 소설가가 되려면 이렇게 하세요, 저렇게 하세요 하는 기존의 노하우에 미혹돼서는 안 된다. 여하튼 자기 작품을 쓰면 된다. 기법이야 아무럼 상관없다. '어떻게 쓸까'가 아니라 '어쨌든 쓴다'라는 것이 중요하다.
>
> –《작가의 수지》(모리 히로시 저 / 이규원 역 / 북스피어)

정말 좋은 충고입니다. 어떻게 쓸까가 아니라, 어쨌든 쓴다. 결국 방법보다 동기가 중요하다는 얘기지요. 그런 면에서 금전적 동기부여도 중요합니다.

《작가의 수지》를 읽고 나니 문득 '블로거의 수지'가 궁금해지는군요. 블로그를 하면 돈은 얼마나 벌 수 있을까요? 블로그를 통해 돈을 버는 가장 보편적인 방법은 구글 애드센스로 광고 수입을 얻는 것입니다. 검색을 해보면 구글 애드센스로 월급에 버금가는 고정 수입을 얻는다는 이야기도 많고, 블로그로 돈을 버는 법에 대한 책도 많이 나와 있어요. 저는 구글 애드센스를 많이 활용하지는 않아요. 블로그 제목이 명색이 '공짜로 즐기는 세상'인만큼 제 글을 읽기 위해 광고를 클릭해야 하는 불편을 드리고 싶지는 않거든요. 다만 애드센스의 활용도를 연구하는 차원에서 PC 화면에서만 노출시키는데요, 두어 달에 한 번씩 구글에서 100달러짜리 수표가 날아옵니다.

스마트폰을 가지고 노는 걸 좋아하는 둘째 민서는 요즘 구글의 창립자 래리 페이지를 존경하는 위인 1위로 꼽아요. 어느 날 래리 페이지의 전기를 읽고 그가 얼마나 대단한 사람인지, 유튜브와 구글에 대한 칭송을 늘어놓더군요. 씩 웃으며 말했어요.

"구글이 얼마나 대단한 회사인지는 아빠도 잘 알지. 아빠도 구글에서 월급을 받거든."

"아빠는 MBC에서 받잖아."

"응, 그런데 구글에서도 아빠한테 수표를 보내줘. 블로그에 좋은 글 써줘서 고맙다고."

민서에게 구글에서 날아온 100달러짜리 수표 3장을 보여줬어요. 저를 보는 아이의 눈빛이 달라졌어요.

'와! 구글에서 우리 아빠한테 돈을 보내준다니!'

모바일 화면에 구글 애드센스를 유치해 본격적으로 광고를 노출

시키면 월수입 100만 원도 어렵지 않다는 이야기도 들었어요. 퇴직하고 용돈이 궁해지면 모바일 화면에도 광고를 달지 모르겠어요. 월 100만 원을 블로그 광고 수입으로 번다는 것은 오피스텔 하나 월세 놓는 것과 맞먹는 셈이니까요.

매일같이 글을
쓴 대가

어느 날 퇴직하신 아버지께서 전화를 하셨어요.

"다음 달부터 용돈 올려라."

매달 25만 원씩 용돈을 드렸는데, 50만 원으로 올리라고 하시더 군요. 월급도 오르고 물가도 오르는데 왜 용돈은 안 오르느냐고 하시면서 아내에게 그렇게 전하라고 하셨어요. 월급 통장에서 빠져나가는 자동이체 금액을 올렸어요. 용돈이 새로 입금된 다음 날 아버지께서 부르셨어요. 둘이서 밥을 먹고 나오는데, 갑자기 봉투를 내미시는 거예요. 안에는 현찰 25만 원이 들어 있었습니다.

"무슨 돈이에요?"

"용돈 올린 거, 돌려주는 거다."

"왜요?"

"네 처한테는 비밀로 하고, 비자금 통장 하나 만들어서 잘 넣어둬라."

아버지께서 말씀하셨어요.

"아내가 아는 돈 500만 원보다 아내가 모르는 돈 20만 원이 훨씬 더 소중하다."

요컨대 아내가 아는 돈은 내 돈이 아니다 이거죠. 일흔을 넘긴 아버지는 고교 동창들과 등산을 자주 가시는데요. 관악산이나 청계산에 갈 때는 사람들이 많이 온답니다. 그러다 어느 날 내장산 단풍이 절경이니 버스 하나 빌려서 가자고 하면 갑자기 참석 인원이 절반으로 뚝 떨어진대요. 회비 1만 원을 낼 수 없어 못 나오는 사람이 그렇게 많다는 거죠. 매달 25만 원씩 1년이면 300만 원, 10년이면 3,000만 원이니 그 돈으로 은퇴 후 취미생활을 하라고 하셨습니다.

"남자는 퇴직하면 비자금이 힘이여. 이눔아, 넌 언젠가 늙어서 내 무덤에 찾아와서 울 거다. '아버지, 감사합니다!' 하고."

아버지 말씀대로 따로 비자금을 모으는 것도 중요한데, 돈이라는 것은 쓸 때도 잘 써야 합니다. 티 안 나게 쓰려면 돈 쓰는 재미가 없어요. 비자금을 합법적으로 모을 방법을 찾아 아내에게 제시했습니다.

"부인, 내가 월급은 한 푼도 손 안 대고 다 당신에게 갖다 줄게. 대신 내가 근무 시간 외에 글 쓰고 강연 다니는 걸로 버는 돈은 내가 따로 모을 수 있게 해줘."

　이제 저는 블로그로 비자금을 모읍니다. 블로그 글을 모아 책을 냈다가 대박을 터뜨리기도 했어요. 블로그에 올리는 글을 보고 잡지사에서 원고 청탁도 자주 합니다. 글 한 편에 15만 원 정도 받습니다. 책 리뷰를 열심히 올렸더니 추천사 원고 청탁도 들어옵니다. 원고지 10매 정도 쓰고 30만 원의 고료를 받습니다. 매일 새벽에 일어나 한두 시간 글을 쓴 대가로 매달 100만 원 정도가 고정적으로 들어오는 셈입니다. 취미생활을 즐겼을 뿐인데 돈도 따라오니 일석이조가 따로 없지요. 블로그를 통해 강연 요청이 오기도 하는데요. 학교나 도서관, 기업체 특강을 가면 1회에 50만 원에서 100만 원 정도 받습니다. 매일 블로그에 글을 한 편씩 쓰다 보면, 강연에 가서 어떤 주제가 나와도 편하게 이야기로 풀 수 있어요. 그런 점에서 역시 블로그는 저의 커리어 연구개발단지이지요.

연예인
부럽지 않다

방송사 PD로 일하다 보니 연예인 스캔들이 날 때마다 이런 질문을 받곤 해요.

"둘이 사귀는 거 진짜야?"

전 사실 다른 사람의 연애에 별로 관심이 없어요. 어떻게 하면 아내에게 점수를 딸 수 있을까, 그게 최대 관심사지요. 다만 궁금할 때가 있긴 해요. 여자 배우와 남자 가수 사이에 열애설이 터질 때요. 여배우가 남자 가수와 사랑에 빠지는 이유는 무엇일까요?

배우는 무척 화려한 직업인 것 같지만, 일하는 과정은 단순 작업의 연속입니다. 카메라 위치를 옮기고 앵글을 바꿔가며 같은 연기를 계속 반복합니다. 고등학교 때 선생님이 이런 말씀을 자주 하셨어요.

"너희들 공부 안 하면 나중에 추울 때 추운 데서 일하고, 더울 때 더운 데서 일한다?"

드라마 촬영이 딱 그래요. 여름에 카페에서 실내 촬영할 때, 에어컨을 못 켭니다. 동시녹음에 환풍기 소음이 들어가니까요. 겨울에 야외 촬영을 하면 정말 춥습니다. 특히 사극이나 시대물은 야산에서도 자주 촬영하는데 바람 피할 곳이 없어요. 그렇다고 여배우들이 두꺼운 패딩을 입고 나오진 않아요. 항상 카메라가 따라다니기 때문에 스타일에 신경 써야 하는데, 그런 옷들은 대부분 방한이 부실하지요. 더울 때는 더워서, 추울 때는 추워서 고생이에요.

가수는 어떨까요? 예능 PD로 일하면서 〈인기가요 베스트 50〉의 조연출을 1년 반 정도 했는데요, 생방송 음악 프로그램의 무대는 정말 화려합니다. 대형 스피커에서 쿵쾅거리는 음악이 울려 퍼지고, 그날의 주인공은 조명이 번쩍거리는 무대에 올라 수백 수천 팬들의 환호와 박수 속에서 춤추고 노래합니다. 그에 비해 드라마나 영화는 그렇게 고생해서 만들고도 관객의 호응을 직접 접하기는 힘들어요. 가수들은 콘서트를 하면 관객의 호응을 코앞에서 실시간으로 봅니다. 수많은 여성 팬이 무대를 향해 "오빠!"를 애타게 외칠 때, 객석 한구석의 여배우는 그 오빠에 대한 사랑을 더욱 불태우게 됩니다.

감히 연예인을 꿈꾼 적은 없어요. 외모의 한계를 너무나 잘 알고 있으니까요. 코미디언들의 개그 공연은 좀 부럽더군요. 저도 사람들

웃기는 걸 좋아하거든요. 미국의 TED 강연이나 〈세상을 바꾸는 시간, 15분〉을 즐겨 봤습니다. 자기계발이 저의 취미인데, 어떤 분야에서 일가를 이룬 사람들의 이야기를 듣는 건 재미도 있고 의미도 있어요. 강연을 자꾸 듣다 보면 나도 한번 해보고 싶다는 욕심이 듭니다. 청중의 박수를 받으며 무대에 오르고 싶어져요. 하고 싶다는 생각이 들면 일단 혼자서도 시도해봅니다.

블로그는 누가 보든 말든 혼자 글을 쓰면 되는데, 강연은 혼자 할 수가 없어요. 누군가 보는 사람이 있어야 하거든요. 강연 연습을 하려고 셀카 모드로 영상을 찍어 유튜브에 업로드했어요.

촬영하면서 자꾸 연습했더니 자신감이 붙더군요. 그러던 중 과천 과학관 SF 영화제에 놀러 갔다가 '10월의 하늘'이라는 강연 포스터를 봤어요. '오늘의 과학자가 내일의 과학자에게'라는 부제가 달린 과학자들의 강연 기부 프로그램입니다. 과학자들이 전국의 도서관을 찾아가 청소년 대상으로 특강을 하는 건데요, 과학 강연이라 해서 반드시 과학자만 하라는 법이 있나요? 저도 참여하고 싶어 주최 측에 연락을 했습니다. 과학자는 아니지만 과학 소설 마니아로서 SF 소설 번역도 하고 SF 시트콤도 기획하고 그런다, 기회를 주시면 '드라마 속 SF 이야기'라는 주제로 강연을 하고 싶다고 했어요. 그랬더니 선선히 기회를 주셨어요.

그해 춘천 '담작은도서관'에서 시각장애인 학생들을 대상으로 강연을 했는데요, 천문학 박사 이명현 선생님과 함께였어요. 이명현 박사님이 저를 보고 "강연을 잘하시네요?" 하시더니, 이후 본인이 기획하시는 과학 강연 프로그램에 연사로 초대하거나 사회자로 불러주셨어요. 처음엔 돈 한 푼 안 받고 시작한 일이었어요. 그런데 자꾸 하다 보니 실력이 늘고, 실력이 느니 돈을 주고 부르는 곳이 많아졌어요. 그러다 꿈의 강연 무대, 〈세상을 바꾸는 시간, 15분〉에도 나가게 됐어요. 그 프로그램에 출연한 날은 아마 평생 잊지 못할 겁니다. 청중의 반응이 정말 좋았어요. 제 이야기에 울고 웃는 사람들의 모습에 저 역시 힘을 얻었고요. 무엇보다 그 무대에 오른 이후, 강연 요청이 부쩍 늘었어요. 유튜브나 페이스북에서 공유되는 영상이 강사로서 저의 브랜드를 알리는 광고 역할을 한 것이지요.

하고 싶은 강연 주제가 생기면 블로그에 일단 카테고리부터 만듭니다. 남에게 가르치려면 먼저 공부를 해야 하거든요. 주제와 관련된 책을 찾아 읽고 생각을 정리해서 글을 씁니다. 저는 학부모 대상으로 육아 관련 강연을 하고 싶었어요. 그래서 블로그에 육아일기를 연재했습니다. 〈한겨레〉 기자님이 블로그에 올린 글을 보고 육아 칼럼 연재를 부탁하셨어요. 돈 한 푼 안 받고 쓰던 육아일기였는데, 지면도 주고 고료까지 주신다니 정말 감사한 일이지요. '인공지능의 시대, 아이를 어떻게 기를 것인가'란 주제에 대해 계속 글을 올렸습니다. 그걸 보고 구청 가족지원센터에서 학부모 대상 강연을 요청하셨어요. 강연이 잡히면 블로그에 공지를 올립니다. '몇 날 몇 시에 어디에서 강연을 합니다.' 그 글을 보고 다른 곳에서도 연락이 와요. '저희 학교에서도 학부모 진로 특강에 PD님을 모시고 싶습니다.'

블로그는 저의 강연 에이전시 사무실입니다. 블로그에 올린 〈세상을 바꾸는 시간, 15분〉 영상을 보고 강사 섭외가 들어옵니다. 제가 운영하는 블로그에 비밀 댓글을 달거나 방명록에 연락처를 남기면 연락을 드려요. 이처럼 블로그와 강연도 선순환 관계입니다.

강연료는 회당 100만 원 안팎인데요, 이것보다 남는 장사도 없다는 생각이 듭니다. 작가도 그렇고 강사도 그렇고, 글 쓰고 말하는 데는 돈이 안 들잖아요? 나의 삶, 하루하루의 생활이 소재이고요, 도서관에서 빌려 읽는 무수한 책이 강연의 자료가 됩니다. 처음엔 좀 어색해도 꾸준히 하면 점점 늘어요. 돈도 돈이지만, 수백 명의 청중 앞에 서서 환호와 박수를 받다 보면 연예인 부럽지 않아요. 연예인 못지않은 전문 강사의 꿈, 블로그로 만들어갑니다.

수익의 예금 가치가
있는 글쓰기 기술

김경록의 《1인 1기》라는 책에서는 행복한 노후 생활을 위해 한 가지 이상의 기술을 익히라고 충고합니다. 저자는 보험사 은퇴연구소에서 일하는 분이에요. 지인이 사업을 정리하고 7억 원 정도를 예금해 두었는데 이자가 한 달에 100만 원 정도 나왔다고 합니다. 그런데 강의를 한 번 했더니 100만 원을 주더라는 것이죠. '아, 7억 원 예치한 가치가 한 달에 한 번 강의한 가치밖에 안 되는구나'라고 생각했다고 해요.

저금리 시대인지라 돈의 가치가 그리 높지 않아요. '바로 받는 연금보험'에 1억 원을 예치해도 월 22만 원 정도밖에 안 나옵니다. 돈보다 소중한 건 기술입니다. 그중에서 글쓰기 기술만큼 유용한 것도 없어요. 요즘 저는 온라인 매체에 독서 칼럼을 매주 한 편씩 연재하는데요. 원고 청탁이 올 때 계산해보니 월 50만 원 정도의 고료가 들어오더군요. 2억 원을 은행에 예치한 것과 같은 효과라는 점에서 감사한 마음으로 넙죽 연재를 결정했습니다.

맞벌이하는 후배들을 만나면 그런 이야기를 합니다.

"부인이 월 300만 원 이상 벌어온다면, 수십억 원을 예치해둔 자산가가 된 셈이다. 우리 가정을 자산가 대열에 합류하게 해준 부인에게 감사한 마음을 가지고 최선을 다해 모셔야 한다. 부인이 육아와 직장생활을 계속 병행할 수 있도록 남편도 주인의식을 갖고 집안일을 해야 한다. 부인의 직장 내 성공을 위해 최선을 다해 외조해라. 특히 부인이 다섯 살 어리다면, 그녀의 커리어 계발에 투자하는 것은 정년을 5년 연장하는 효과까지 있다."

저의 꿈은 퇴직 후에도 조금씩 수입을 올리는 것입니다. 평생 일하며 부은 국민연금과 개인연금을 생활비로 쓰고, 취미 삼아 하는 일로 월 100만 원만 벌어도 좋겠어요. 한 달에 원고료 30만 원, 강연료 50만 원, 인세 20만 원을 버는 게 꿈입니다. 그 꿈을 위해 오늘도 저는 새벽에 일어나 컴퓨터 앞으로 가서 키보드를 두들깁니다. 나는 왜 쓰느냐, 즐거운 노후 생활을 위해서입니다.

아내에게 가끔 큰소리칩니다. "아이들에게 유산으로 건물이나 재산을 남기진 못해도, 인세를 물려주는 아버지가 될 거야" 하고요. 그럼 아내가 그러죠.

"당신이 무슨 톨스토이 아니면 헤밍웨이야? 인세를 물려주게."

인세를 유산으로 남기는 법, 간단합니다. 죽을 때까지 꾸준히 글을 쓰면 됩니다. 언젠가 마지막으로 낸 책의 인세는 아이들에게 가겠지요. 큰돈은 아니라도, '아버지는 생의 마지막 순간까지 키보드를 놓지 않으셨어'라고 생각하지 않을까요? 아이들에게 물려주고 싶은 건 인세가 아니라 그 태도입니다.

은퇴 문제에서 최고의 해결책은 은퇴하지 않는 것입니다. 평생을 이야기꾼으로 살고 싶어요. 황혼의 전업 작가, 꿈같은 이야기지만 블로그만 있다면 가능합니다. 블로그를 통해 평생 살아오며 느낀 점을 가만가만 옛날이야기하듯 사람들에게 들려주고 싶어요. 그 글을 모아 책을 내도 좋고요. 나이 들어 하는 블로그는 또 다른 의미가 있을 것 같아요. 매일 한 편씩 올리다 어느 날 더는 글을 올리지 않는 날이 오겠지요? 오늘 올린 글이 내가 세상에 남기는 마지막 유언이라는 생각에 더 열심히 공들여서 쓸 것 같아요. 황혼의 전업 작가가 되어 하루하루를 마지막 날처럼 열심히 즐겁게 사는 것, 그 하루하루의 삶을 블로그에 남기는 것, 그것이 제가 꿈꾸는 노후랍니다.

매일 한 번의 기회가
찾아온다

친구들이 자주 하는 질문이 하나 있습니다.

"드라마 PD는 시청률이 대박 나면 월급 더 받는 거니?"

"아니."

MBC PD는 드라마 시청률이 30퍼센트를 넘기나 5퍼센트도 안 되나 월급에 차이가 없어요. 급여가 성과연동제가 아니라면 사기를 높이는 데 문제가 있지 않냐며 걱정하는 친구도 있습니다. 그럼 이렇게 얘기해줍니다.

"시청률 잘 나왔다고 월급 올려달라고 말하는 건 시청률이 떨어지면 월급을 깎아도 좋다는 얘기거든? 창의력이 중요한 조직에서 시청률과 급여를 연동하는 건 결코 바람직한 급여 체계가 아니야."

"네가 시청률 올릴 자신이 없어서 하는 소린 아니고?"

친구들의 이런 반응에 웃어야 할지 울어야 할지 모르겠어요. 드라마가 대박이 나면 돈 없어도 행복합니다. 밥 안 먹어도 배부르죠. 돈이 필요한 순간은 드라마가 망했을 때입니다. 괴롭고 힘드니 술이라도 한잔해야 하고, 하다못해 인터넷 쇼핑몰에 들어가 드론이니 자전거니 새로운 장난감 하나라도 사서 기분을 풀어야 합니다. 저는 성공에 대한 보상보다 더 중요한 건 실패에 대한 용인이라고 믿습니다.

임승수 선생님의 강연에서 들은 '버펄로 잡는 인디언' 이야기가 떠오릅니다. 버펄로 사냥으로 먹고사는 100명의 인디언 마을이 있어요. 그 마을에서는 모두가 창을 하나씩 들고 나가 버펄로를 잡아서 먹고삽니다. 100명이 버펄로를 몰아서 다 같이 창을 던지면, 3~4개의 창이 버펄로를 맞히고 그래서 잡은 고기를 100명이 나눠 먹습니다. 그런데 어느 날 인디언 하나가 나서서 이렇게 얘기하지요.

"매번 버펄로를 맞히는 건 난데 왜 내가 너희랑 고기를 나눠 먹어야 하지? 이건 불공평하잖아. 야, 안 되겠다. 다들 창에 자기 이름 써. 지금부터는 버펄로에 자기 창 꽂은 사람만 고기 먹는 거야."

이제 새로운 보상 체계를 적용해 사냥에 나갑니다. 버펄로를 맞힌 사람은 배 터지게 먹고 그렇지 못한 사람은 쫄쫄 굶습니다. 한 달이 지나고 두 달이 지나자, 그동안 버펄로를 한 번도 맞히지 못해 굶어 죽는 사람이 나오기 시작합니다. 100명이던 마을 사람은 70명이 되고, 다시 한 달이 지나니 50명이 됩니다. 50명이 사냥을 나갔더니 예전처럼 버펄로를 몰기도 어려워지고, 창을 던져도 한두 개 맞은 버펄로는 그냥 달아나버립니다. 결국 마을 사람 전부가 굶어 죽게 되는 일이 벌어져요.

드라마 PD는 버펄로를 잡는 인디언이에요. 맞힐 때도 있고, 놓칠 때도 있어요. 중요한 건 그럼에도 사냥에 나가 창을 던질 수 있어야 한다는 거죠. 프로그램 성과가 좋지 않다고 연출에서 아예 배제하는 건, 실패의 경험에서 배워 새롭게 도전할 여지를 없애버리는 일입니다. 어린 후배들에게 미칠 영향도 생각해야지요. 인생이 살아볼 만하다고 느끼려면 극적인 역전도 가능해야 합니다. 좀 빌빌대던 선배도 자신에게 딱 맞는 기획을 만나면 펄펄 나는 모습을 보여줘야 후배들도 희망을 품게 됩니다. 한 번의 실패로 영원히 내쳐지고 성공을 반복하는 사람만이 기회를 얻는 세상이라면, 그런 정글에서 과연 누가 보람을 느끼며 즐겁게 일할 수 있을까요. 그런 세상에서는 패자만이 아니라 승자 역시 불안 속에 살게 될 것입니다.

몇 년 전 〈나인: 아홉 번의 시간여행〉이라는 드라마를 정말 재미있게 봤습니다. SF라는 장르를 좋아해서 SF 번역까지 했던 저로서는 시간여행을 소재로 한 드라마가 대중적 성공을 거두었다는 사실이 정말 반가웠어요. 제가 연출했던 시트콤 〈조선에서 왔소이다〉 조기 종영의 악몽이 되살아나 조금 아프긴 했지만요.

드라마 〈나인〉을 보면 과거로 돌아갈 수 있는 신비의 향이 나옵니다. 만약 제게 그런 향이 있다면 10년 전으로 돌아가고 싶어요. 〈조선에서 왔소이다〉가 쫄딱 망해서 죽도록 괴로워하는 제 자신을 찾아가 이렇게 말해주고 싶어요. "너무 자책하지 마. 타임슬립이라는 소재, 10년 후에는 유행이 되고 심지어 그중에는 대박 드라마도 나온단다. 그뿐 아니야. 10년 후 나는 이번의 조기 종영을 블로그의 글감으로 써먹으면서 웃으며 추억한단다. 그러니 그때까지 즐겁게 버텨."

블로그를 하면 사냥 기회가 확 늘어난 기분입니다. 드라마 연출은 1년에 한 번 올까 말까 한 기회예요. 헛발질해서 기회를 놓치면 1년을 쫄쫄 굶지요. 블로그에 글쓰기는 날마다 한 번씩 기회가 옵니다. 벼르고 별러서 던진 창과는 또 다른 무기죠. 그냥 마당에 있는 돌멩이를 한 번씩 다 던지는 느낌이에요. 토끼를 잡을지 비둘기를 잡을지 알 수는 없지만, 기회가 계속 주어지기에 편한 마음으로 사냥을 즐길 수 있어요. 동료들이 나눠주는 버펄로 고기를 얻어먹으며 이런 생각을 하죠. '언젠가는 나도 버펄로를 맞히는 날이 올 테니, 일단 오늘은 감사히 먹겠습니다!'

글쓰기만큼
남는 장사도 없다

제게 블로그는 돈 안 드는 취미입니다. 도서관에서 빌려온 책을 읽고 새벽에 일어나 출근 전에 글을 한 편씩 씁니다. 가끔 잡지사에서 칼럼 청탁이 오고 출판사에서 출간 의뢰가 옵니다. 돈 한 푼 안 받고도 재미있게 글을 쓰는데, 고료랑 지면까지 주신다니 얼마나 감사한지! 생각할수록 글쓰기만큼 남는 장사도 없다 싶습니다. 무라카미 하루키의 《직업으로서의 소설가》에 이런 이야기가 나옵니다.

세계는 따분하고 시시한 듯 보이면서도 실로 수많은 매력적이고 수수께끼 같은 원석이 가득합니다. 소설가란 그것을 알아보는 눈을 가진 사람을 말합니다. 그리고 또 하나 멋진 것은 그런 게 기본적으로 공짜라는 점입니다.

－《직업으로서의 소설가》(무라카미 하루키 저 / 양윤옥 역 / 현대문학)

하루키의 말처럼 주위를 관찰하고 경험을 수집하는 행위에는 돈한 푼 안 듭니다. 이만한 취미도 없어요. 심지어 글쓰기는 취미인 동시에 공부입니다. 무언가를 공부할 때 가장 좋은 방법은 그것에 대해글을 쓰는 것입니다. 머릿속 생각을 글로 옮기면 정리가 되고 앎이단단해지거든요. 내가 알고 있는 것이 맞는지 확인해보려면 그것을남에게 가르쳐보면 됩니다. 혼자 머릿속으로 하는 생각은 확인할 길이 없지만, 남 앞에서 말을 하거나 글을 쓰다 보면 반응을 살필 수 있어요. 때로는 블로그에 올린 글에 '공감할 수 없다'라는 솔직한 답변이 달려요. 그럴 때는 내 글을 다시 살펴봅니다. 보이지 않는 독자를설득하기 위해 공부를 더 합니다.

공대를 나와서 영업사원과 통역사를 거쳐 MBC PD로 입사한 후,저는 고민이 많았어요. '어떻게 하면 PD로서 일을 잘할 수 있을까?'연출 공부를 겸해 책을 읽고 글을 썼습니다. 그 결과 《PD, Who & How》, 《PD가 말하는 PD》 등 몇 권의 책에 원고를 실었습니다. 처음원고 청탁이 왔을 때는 좀 부끄러웠어요. '겨우 나 정도 되는 사람이PD에 대한 글을 써도 좋을까?' 하지만 결국 쓰기로 했어요. '겨우 나정도 되는 사람도 PD가 될 수 있다는 얘기를 들려줘야겠다.'

105

몇 년 전 신입 PD 한 명이 와서 그러더군요.

"신방과 전공이 아니라서 PD 시험 지원을 망설이던 차에 선배님 글을 읽고 용기를 냈습니다."

다른 사람에게 용기를 주는 글을 쓰고 싶어요. 저처럼 많이 부족한 사람도 즐겁게 살 수 있다고요. 다만 글쓰기는 여전히 자신이 없습니다. 좋아는 하지만 잘하지 못해요. 글을 잘 못 써서 고민이라고 했더니 편집자가 그러더군요.

"PD님, 글쓰기에 부담이 있다면 평소 말하는 투로 글을 한 번 써보세요. 말하기는 쉽잖아요?"

그래서 블로그 글도 말하듯 쓰고 있습니다. 무언가를 잘하고 싶을 때, 잘할 수 있는 길은 매일 꾸준히 하는 것입니다. 그래서 저는 매일 아침 수다 떨듯이 글을 씁니다.

꿈의, 꿈에 의한,
꿈을 위한 블로그

2015년 12월 26일에 블로그에 올린 글이 있습니다. 당시 저는 새해를 앞두고 나에게 선물을 하고 싶었습니다. 자신에게 줄 수 있는 최고의 선물은 무엇일까요? 살면서 가장 소중한 것은 시간입니다. 그런 점에서 성탄절을 맞아 2016년 새해, 1년의 시간을 자신에게 선물하기로 마음먹었어요. 그래서 한 해를 어떻게 보낼지 블로그에 공약을 올렸어요.

1. 만보계 기록 경신

2015년 가을에 아버지를 모시고 뉴욕 여행을 갔습니다. 날마다 종일 걸어 다녔는데, 어느 날 휴대전화에 진동이 오더군요. 갤럭시 'S

헬스' 앱에서 '최대 걸음 수 달성'이라고 알려주는 내용이었어요. 2만 8,000보를 걸었다는 사실을 알고 뿌듯했습니다. 칠레 토레스 델 파이네 트레킹을 하던 11월 24일에 또 알림이 떴는데, 4만 5,000보를 걸어 기록 경신을 했다는 소식이었어요. 그 기록도 금방 깼어요. 12월 1일에 아르헨티나 피츠 로이 트레킹을 하면서 4만 6,000보를 걸었거든요. 하루하루 만보계 기록을 경신하는 것도 재미있더라고요. 새해에도 운동 삼아 열심히 걷기로 마음먹었어요. 하루 최대 걸음 수를 재고, 기록을 경신한 날은 만보계 화면을 캡처하여 블로그에 인증하려고요. 블로그에 공약을 걸고 기록을 남기니, 동기부여도 되고 보람도 크더라고요. 건강한 생활습관은 덤으로 따라오고요. 저는 이 맛에 블로그를 합니다.

2. 독서 신기록 도전

사람은 때로 국가나 회사, 친구한테 배신을 당합니다. 심지어 사랑에 배신당하기도 합니다. 하지만 책은 절대 사람을 배신하지 않아요. 방위병 근무 시절, 울산 남부 시립도서관을 열심히 다녔습니다. 군복을 입으면 방위병인데, 도서관에 앉아 있으면 학생처럼 느껴졌거든요. 그 맛에 미친 듯이 책을 읽었습니다. 그랬더니 가을에 도서관에서 연락이 왔어요. 독서 주간을 맞아 '올해의 다독자상'을 선정하는데 제가 최우수상을 받게 됐다고요. 제가 몇 권 읽은 거냐고 물어보니 한 해 동안 도서관에서 빌려 읽은 책만 200권이 넘는다고 하더군요. 그 후로 1년에 200권을 읽었다는 얘기가 인생에 가장 큰 자랑이었습니다. 하지만 스물세 살에 세운 기록을 평생 우려먹는 것도 부끄러운 일이지요. 그래서 새로운 독서 기록에 도전했습니다. 목표는 무조건 200권보다 더 많이 읽는 것. 과연 몇 권이나 읽을까요? 나의 경쟁 상대는 스물세 살의 나입니다. '한번 붙어보자, 스물세 살의 나!'

3. 1년에 책 한 권 쓰기

평생 독서를 통해 많은 것을 얻었습니다. 이제 50줄이니 세상에 돌려드릴 걸 고민해야 할 때입니다. 매년 주제를 하나씩 정하고, 관련 책을 읽고 공부를 해서 그 결과를 블로그로 공유하면 어떨까 하는 생각이 들더군요. 야간 대학원에 다니는 사람도 있지만, 저는 등록금 내고 교수의 지도를 받는 것보다는 돈 안 들이고 자율적으로 학습하는 편을 선호합니다. 도서관에 가서 관심 있는 분야의 책을 이어 읽고, 블로그에 꾸준히 글을 쓰고, 그 결과를 모아 책을 한 권씩 내보면 어떨까. '독학의 신'이라는 시리즈 제목이 거기에서 나왔어요. 매년 하나의 주제를 정해놓고 파고듭니다. '돈 안 들이고 독학으로 영어 공부를 어떻게 할 것인가?', '블로그라는 놀이를 통해 직업을 만드는 방법은 무엇일까?', '돈과 시간을 따로 들이지 않고 일상에서 여행을 즐기는 방법은 없을까?' 등 하나의 주제를 정하고 매년 새로운 책을 한 권씩 내는 것이 저의 꿈입니다.

1년이 지나고 2016년 12월 24일에 연말 결산을 올렸는데요. 먼저 걷기 기록은 5월에 4만 6,800보를 걸으면서 경신했어요. 시간 날 때마다 서울 둘레길을 걸어 완주 인증서도 받았고요. 책은 250권을 읽어 평생 최다 독서량 기록을 세웠지요. 그리고 《영어책 한 권 외워봤니?》를 탈고해 출판하게 됐고요. 이제는 새해가 다가오면 설렙니다. 올해는 나 자신에게 어떤 시간을 선물할까? 하고, 머릿속도 바빠지지요.

새해 결심의
세 가지 조건

매년 새해가 되면, 한 해를 나에게 선물한다는 기분으로 새해 결심을 블로그에 올립니다. 그때 제가 고려하는 새해 결심의 세 가지 조건이 있어요. 첫째, 가능한 한 돈을 쓰지 않는 것. 둘째, 장소와 시간에 구애받지 않고 혼자 할 수 있는 것. 셋째, 중도 포기하더라도 자책하지 않는 것입니다.

1. 돈 한 푼 안 들 것

약한 마음을 다잡고 싶을 때, 우린 돈의 힘을 빌리려 합니다.
'그래, 6개월 헬스장 이용권을 끊었으니 돈 아까워서라도 다니겠지', '영어 학습 사이트 1년 이용권을 끊었으니 적어도 몇 달은 공부하겠지.'
그런데 나중에 보면 어떻던가요? 초반에는 눈에 힘 팍 주고 결의를 보이다가도 결국엔 돈만 버리게 되지 않던가요? 돈의 힘을 빌려 마음을 잡으려는 시도는 참 부질없고 실속 없습니다. 진짜 마음을 먹으려면 돈 한 푼 들지 않는 일에 도전하세요. 이를테면 집에 있는 영어

책 한 권을 외운다거나, 일주일에 한 권씩 도서관에서 책을 빌려 읽는다거나, 일주일에 두 편씩 블로그 글쓰기를 결심하거나. 꼭 돈을 들이지 않고도 더 나은 한 해를 만들 방법은 얼마든지 있답니다.

2. 언제 어디서나 할 수 있을 것

조건이 갖춰져야 할 수 있는 일은 그만큼 실행하기가 어렵습니다. 저는 여럿이 모여 하는 스터디나 학원 다니는 공부를 좋아하지 않습니다. 언제 어디서나 내가 마음만 먹으면 혼자서 할 수 있어야 합니다. 스터디 멤버가 다 차기를 기다리고, 학원이 개강하기를 기다리다 보면 공부하겠다는 열정이 식어버리거든요. 그러면 다음 달 개강까지 또 슬쩍 미루게 됩니다. 어떤 결심이든 마음먹은 순간, 바로 그 자리에서 실행할 수 있어야 합니다. 운동도 그래요. 파트너가 있는 운동보다 아침에 일어나 바로 할 수 있는 108배나 홈 트레이닝, 동네 산책으로 만보 걷기가 그래서 좋습니다.

3. 중간에 포기하더라도 절대 자책하지 않을 것

'중간에 포기할 게 뻔한데 귀찮게 새해 결심씩이나!' 하는 때도 있습니다. 중간에 포기하는 게 뭐 어때요? 내 인생을 바꿔보겠다고 마음을 먹은 것 자체가 대견하지 않은가요? 살면서 내일 어찌 될지는 아무도 모릅니다. 그러니 일단 오늘 이 순간 마음을 먹는 것부터 시작해야 합니다. 내일은 내일의 사정이 있는 겁니다. 새로운 사정이 생겨 그만두더라도 부담이 없어야 결심하기가 쉽습니다. 그만두고 자책하지 말아요. 어제 마음먹은 나와 오늘의 나는 다른 사람입니다. 먹고 마시고 배출하는 동안 내 몸을 이루는 체세포도 바뀌었는데요, 뭘. 중도 포기는 어제의 내가 무리한 결심을 했기 때문에 생긴 일이에요. 오늘의 나는 괜히 그런 일로 스트레스받지 않고 사는 게 좋습니다.

4장

매일같이 쓰는
힘

매일 일정 시간 달리기와 수영으로 몸을 만드는 하루키의 루틴은 정말 존경스러울 정도입니다. 하루에 다섯 시간 동안 책상에 앉아 200자 원고지 20매를 쓴답니다. '아, 오늘은 글이 잘 풀리니까 사흘 치를 써볼까?' 하는 일은 없답니다. 그런 생각은 곧 '아, 오늘은 글이 안 풀리니까 하루 쉴까? 지난번에 사흘 치를 썼으니까, 뭐' 하는 생각으로 이어지거든요. 중요한 것은 희망도 절망도 없이 매일 20매씩 꼬박꼬박 쓰는 것입니다. 그렇게 하면 한 달에 600매, 반년이면 3,600매를 쓰게 됩니다.

재능을
이기는 끈기

작년, 고등학교에 올라가는 큰딸 민지에게 겨울방학을 맞아 《그릿》
이라는 책을 선물했어요. 아이에게 재능을 물려줄 수는 없어도, 끈기
를 발휘할 동기는 줄 수 있습니다. 무엇보다 성공에서 중요한 건 끈
기라고 믿거든요.

스콧 배리 코프먼이라는 사람이 있는데, 그는 어린 시절 학습 지진
아였대요. 어릴 때 중이염을 앓고 난 후부터 소리를 잘 듣지 못했어
요. 무슨 말인지 잘 듣지를 못하니 학업 성취도가 낮았죠. 초등학교 3
학년 때 유급까지 된 후, 지능검사를 받고 IQ가 낮다는 이유로 학습
장애아들을 위한 특수학교로 보내집니다.

열네 살이 된 코프먼에게 한 특수교사가 다가와 묻습니다. "왜 좀

더 어려운 수업을 듣지 않는 거니?" 코프먼은 자신의 지능이 낮아 힘들 거라고 대답하지요. 그 선생님이 말합니다. "네가 무엇을 할 수 있을지 누가 알겠어?" 그 말에 새로운 활동에 도전해봅니다. 그중 하나가 첼로였어요.

"제가 뭐라도 할 수 있는 지적 능력의 소유자라는 사실을 사람들에게 증명해 보이고 싶었어요. 그때 심정으로는 그게 뭐든 상관없었죠."

그는 첼로 콩쿠르에 나가 각종 상을 받으면서 자신감을 얻습니다. 학업 성적도 나날이 올라갑니다. 알고 보니 머리가 나쁜 편이 아닌데, 왜 낮은 지능지수를 받았는지 궁금해서 훗날 심리학을 전공합니다. 카네기멜론, 케임브리지, 예일에서 학위를 받고 심리학과 교수가 됩니다. 여전히 취미 삼아 첼로를 연주하고요.

이 책을 읽고 '아, 나 같은 사람이 또 있구나!' 했어요. 저도 학창 시절 공부를 그리 잘하지 못해서 자존감이 낮았거든요. 스무 살에 시작한 영어 공부를 통해 자신감을 얻었습니다. 외대 통역대학원에 다닐 때 서울대 영어 교육학과를 나온 친구를 만났어요. 시골에서 학교에 다닌 그 친구는 중·고등학교 시절 전교 일등을 놓친 적이 한 번도 없대요. 그 말을 듣고 "단 한 번도 일등을 놓친 적이 없다고?" 하고 물었더니, 그 친구가 오히려 놀라더군요. "너는 전교 일등을 한 번도 못 해봤단 말이야?" 전교 일등이 뭡니까, 반에서 일등도 못 해봤는데요.

어려서 공부를 못했다고 자신의 능력을 포기할 필요는 없어요. 어른이 되고 보니 인생에서 재능보다 더 중요한 건 끈기더라고요. 하겠다고 마음먹은 일은 끝까지 밀고 나가는 자세가 중요해요. 어려서 공부에서 끈기를 발휘하지 못하는 건 그것이 내가 정한 목표가 아니기 때문입니다. 매일 블로그에 글 한 편을 올리겠다고 마음먹는 건 나 자신과의 약속입니다. 주위의 기대가 아니라 나 자신의 욕망에 부합하는 일이기에 끈기를 발휘할 수 있어요.

> "우리의 허영심과 자기애가 천재 숭배를 조장한다." 니체가 말했다. "왜냐하면 천재를 마법적인 존재로 생각한다면 우리 자신과 비교하고 우리의 부족함을 느끼지 않아도 되기 때문이다. 누군가를 '신적인 존재'로 부르면 '우리는 그와 경쟁할 필요가 없어진다.'"
>
> ─《그릿》(앤절라 더크워스 저 / 김미정 역 / 비즈니스북스)

"글쓰기는 재능이 있어야 잘하는 거야"라고 해버리면, 노력하지 않는 자신을 위한 변명이 생깁니다. 문제는 그런 과정에서 재능보다 더 중요한 후천적 자질, 즉 끈기를 키울 기회마저 사라진다는 것입니다. 세상의 모든 성과를 누군가의 재능 덕분이라 생각하면, 지금 이 순간 내가 할 수 있는 일은 없어지거든요. 자신에게 글쓰기 재능이 있는지 없는지 궁금하다면, 일단 매일 한 편씩 글을 써보세요. 분명히 장담하는데, 우리에게는 누구나 말과 글의 재능이 있어요. 그게 네안데르탈인과 호모 사피엔스를 구분하는 중요한 척도니까요.

재능을 타고나지 못했다고 포기할 필요는 없어요. 재능이 있는지 없는지도 끈기를 발휘하기 전에는 알 수 없고요. 결국 재능이 없는 걸 깨닫게 된다 해도 끈기를 기른다면, 재능보다 더 소중한 능력을 갖추게 되는 것입니다. 재능보다 더 중요한 건 끈기입니다. 인공지능의 시대, 가장 필요한 역량이 독창성인데요. 독창성의 첫 번째 재료가 바로 끈기입니다.

독창성은 어떻게 만들어질까요? 일본 문단의 독보적인 작가 무라카미 하루키는 오리지널리티(독창성)를 만드는 것이 시간이라고 말합니다. 한 편의 소설로 등단한 후 두어 권의 책을 내고 사라지는 게 아니라 35년 동안 꾸준히 노동하는 자세로 작품을 써가는 것, 그것이 작가로서 하루키의 독창성이랍니다.

하루키는 독창성의 조건으로 세 가지를 들어요.

1. 독자적인 스타일을 가져야 하고,

2. 그 스타일을 스스로의 힘으로 버전업할 수 있어야 하고,

3. 시간의 경과와 함께 그 스타일이 일반화되고 사람들의 정신에 흡수될 것.

이 세 가지 조건을 충족하기 위해서는 '시간의 경과'가 중요하다고 말합니다.

> 요컨대 한 사람의 표현자가 됐든 그 작품이 됐든 그것이 오리지널인가 아닌가는 '시간의 검증을 받지 않고서는 정확히 판단할 수 없다'라는 얘기입니다. 어느 시기에 독자적인 스타일을 가진 표현자가 불쑥 튀어나와 세간의 강한 주목을 받았다고 해도 만일 그/그녀가 눈 깜짝할 사이에 어디론가 사라져버렸다면, 또는 싫증이 나버렸다면, 그/그녀는 '오리지널이었다'고 단정하기 어렵습니다.
>
> – 《직업으로서의 소설가》(무라카미 하루키 저 / 양윤옥 역 / 현대문학)

하루키는 물리적인 시간을 확보하기 위해 스스로를 사회로부터 격리합니다. 유럽 도시의 강변이나 하와이 해변을 달린 후 숙소로 돌아와 몇 시간씩 가만히 앉아 매일같이 글을 씁니다. 이것은 작가가 글을 쓸 시간을 확보하는 방법이자, 자신이나 작품을 향한 세간의 평으로부터 물리적 거리를 획득하는 방법입니다.

매일 일정 시간 달리기와 수영으로 몸을 만드는 그의 루틴은 정말 존경스러울 정도입니다. 하루에 다섯 시간 동안 책상에 앉아 200자 원고지 20매를 쓴답니다. '아, 오늘은 글이 잘 풀리니까 사흘 치를 써볼까?' 하는 일은 없답니다. 그런 생각은 곧 '아, 오늘은 글이 안 풀리니까 하루 쉴까? 지난번에 사흘 치를 썼으니까, 뭐' 하는 생각으로 이어지거든요. 중요한 것은 희망도 절망도 없이 매일 20매씩 꼬박꼬박 쓰는 것입니다. 그렇게 하면 한 달에 600매, 반년이면 3,600매를 쓰게 됩니다. 그의 또 다른 소설《해변의 카프카》초고가 3,600매였답니다.

한 번 반짝 빛나고 마는 것이 아니라, 그 불을 꺼트리지 않고 내내 살아가는 것, 그것이 창작자로서 직업을 만드는 길이겠지요. 생각해 보면 얼마나 힘든 일인가요. 블로그를 쓸 때도, 반짝이는 재능보다 더 중요한 것은 끈기입니다. 나라는 사람의 색깔은 한 편의 글로 규정되지 않습니다. 오랜 시간 꾸준히 올린 글들을 통해 나의 생각이 드러나고 내 삶의 문양이 더욱 뚜렷해지기를 희망합니다.

꼼수는
통하지 않는다

막상 블로그를 만들었는데 초기에는 찾아오는 사람이 없어 심심했어요. 영어 공부 방법이며 여행 이야기며 심지어 어린이를 위한 PD 스쿨까지, 제가 아는 분야를 총망라했지만 좀처럼 방문자 수가 늘지 않았습니다. 일일 방문자 수가 평균 30명 정도였는데, 이러다 힘 빠져서 문 닫는 거 아닌가 싶을 지경이었지요.

열심히 해도 성과가 보이지 않으니 묘책을 찾아야 했습니다. 인터넷에서 '블로그 방문자 수 늘리는 법'을 검색해봤어요. 인기 검색어로 태그를 달아 트래픽을 유도하는 법, 제목으로 낚시하는 법 등 다양한 방법이 있더군요. 그중 가장 믿음이 가는 충고 하나를 발견했어요. 바로, 매일 꾸준히 글을 올리라는 것이었습니다. '그렇구나. 블로그도 부지런해야 잘되는구나.' 그래서 2011년 7월 이후 아침마다 한 편씩 글을 올렸습니다.

그랬더니 거짓말처럼 방문자 수가 늘더군요. 하루가 다르게 쑥쑥 올라가는 거예요. 하루 방문객 30명꼴이었는데, 글을 꾸준히 올리자 몇 달 만에 300명 수준으로 올랐습니다. 슬슬 재미가 붙기 시작했어요. 성과가 보이면 목표를 높여야죠. 그래야 도전하는 맛이 있으니까요. 일일 방문자 1,000명을 목표로 잡았습니다. 기세 좋게 딱 떨어지는 숫자 1,000으로 잡았지만, 가만 생각해보니 그게 가능할까 싶어지더군요. 하루에 1,000명을 어떻게 불러들이지?

예능 프로그램을 연출하면서 배운 게 있다면, 시청률을 올리기 위해서는 시청자의 입맛을 알아야 한다는 것입니다. 프로그램 개편 회의에서 가장 중요한 것도 방송 시간대의 주 시청자가 누구인지를 파악하는 일이에요. 공중파에서 저녁 7시대 청춘 시트콤이 사라진 이유는 시청자층이 변화했기 때문입니다. 〈논스톱〉 시리즈가 방송되던 10여 년 전만 해도 저녁 7시에는 10대 시청자가 주류였어요. 그러나 중·고생들이 학교 수업을 마치면 곧바로 학원으로 직행하면서 저녁 7시에 TV 앞에 있는 10대 시청자가 드물어졌어요. 결국 7시 청춘 시트콤은 8시 가족 시트콤에 자리를 내주고 말았고, 나중엔 그마저 사라지고 주부 대상의 일일 연속극으로 바뀌었지요.

PD가 시청률을 올리기 위해 시청자 분석을 하듯, 저는 블로거로서 조회 수를 올리기 위해 방문자 성향을 분석했습니다. 유입 키워드나 유입 경로를 파악하는 것도 통계를 분석하는 데 중요한 자료였어요. 블로그 초기 글들 중에는 '공짜 PD 스쿨'이 반응이 좋았어요. 그래서 PD 지망생들을 위해 특화된 블로그를 만들어야겠다고 생각했어요. 방송사 공채 시즌에 맞춰 온라인 취업 특강도 하고, PD 지망생을 위한 추천 도서 목록도 올렸습니다. 블로그를 특화하고 매일 포스팅을 했더니 방문자가 꾸준히 늘었어요. '언젠가 새 드라마 연출을 시작해 그 드라마가 뜨면 일일 방문자 1만 명도 거뜬히 넘기겠는걸.' 헤벌쭉한 표정으로 미래를 상상하면서 혼자 행복해졌어요.

그런데 인생 참 재미있어요. 희한하게도, 기대는 생각하던 바와 전혀 다른 모습으로 실현되곤 해요. 잘나가는 새 드라마와 함께 방문자 1만 명 시대를 열리라 했던 나의 블로그는 MBC 파업이 시작되면서 새로운 국면을 맞이했어요.

2012년 1월 30일에 시작한 MBC 파업은 제 인생에도, 제 블로그에도 많은 영향을 미쳤습니다. 언론노조 MBC 본부에서 노조 부위원장으로 일한 덕에 두 번이나 구속영장이 청구됐습니다. 구속영장 실질심사를 받고 경찰서 유치장에 앉아 있을 때 가장 먼저 든 생각이, '여기서 나간다면 내일 블로그에 올릴 글감은 하나 나왔군'이었어요. 구속영장이 기각되고 유치장에서 나온 저는 당연히 그 글감을 써먹었지요. 그런데 그 글이 화제가 되어 꿈에 그리던 일일 방문자 수 1

만 명을 넘겼습니다. 인생, 이렇게나 아이러니해요.

PD로서 로맨틱 코미디 전문 연출가라는 나만의 브랜드를 만들기 위해 오랜 세월 꾸준히 연출 경력을 쌓아왔습니다. 언젠가 또 재미난 드라마나 시트콤을 만들게 되면 블로그를 통해 연출일기를 연재하고 시청자들과 소통하려고 했어요. 그런데 엉뚱하게도 구속영장 기각 소식을 블로그에 올리게 됐네요. 하늘이 어떤 운명을 준비하고 있는지 알 수 없기에, 인간은 그저 하루하루 최선을 다하며 살 뿐입니다. 언젠가 대박 드라마 연출 소감을 올릴 날을 기다리며, 오늘도 저는 블로그에 글을 올립니다. 블로거의 삶도 나쁘지 않아요. 구속영장 청구라는 최악의 상황에서도 꿈이 이뤄지는 반전을 맛봤으니까요.

즐거워야
매일 쓸 수 있다

매일 한 편씩 블로그에 글을 쓰지만, 스스로 글을 잘 쓴다고 생각한 적은 한 번도 없습니다. 글을 잘 쓰면 이렇게 매일 쓰지는 않을 것 같아요. 글을 못 쓰니까, 잘 쓰고 싶은 욕심에 자꾸자꾸 씁니다. 영어 공부든 글쓰기든, 어떤 일을 잘하는 비결은 매일 연습하는 것 말고는 없거든요.

글을 매일 쓰려면 무엇을 해야 할까요? 계속 강조했듯이, 하루하루의 삶이 즐거워야 합니다. 매일의 일상을 즐거움으로 채워야 합니다. 독서가 즐거워야 책 리뷰를 쓰고, 여행이 즐거워야 여행 이야기를 쓰고, 영화를 재미나게 봐야 설득력 있는 감상문이 나옵니다. 하루하루를 소소한 즐거움으로 채우고, 그 일상의 행복을 나누는 것이 블로그를 하는 자세입니다.

'나는 멋진 삶을 살고 있다. 내게는 사람들과 나누고 싶은 이야기가 있다. 그러므로 나의 글에는 부족함이 없다.'

이렇게 믿어야 글에 자신감이 생깁니다. 취업 준비생들은 흔히 작문 스터디를 하거나 혼자서 글쓰기 연습을 하는데요. 사실 누가 글을 들여다보고 품평을 하면 글쓰기가 즐겁지 않죠. 하지만 그렇다고 상처받지 않으려고 혼자 보고 마는 글만 쓰면 작문 실력이 늘지 않아요. 저는 평소 글쓰기를 더 잘하고 싶다는 욕심에 글 잘 쓰는 고수들의 글과 말씀을 자주 찾아봅니다. 〈채널 예스〉 인터뷰에서 은유 작가님이 '비밀글만 쓰면 글은 늘지 않는다'고 하셨는데요, 저도 완전히 공감합니다.

> 글도 사람처럼 혼자서만, 사적인 공간에서만 쓰면 성장할 수 없다. 글도 사람이랑 똑같다. 세상에 나와 부딪히고 넘어져야 글도 성장한다. 블로그에 일기를 한 장 쓰고 비밀글로 처리하면 글이 안 는다.
>
> – 〈채널 예스〉, 은유, "비밀글만 쓰면 글은 늘지 않는다"

제 블로그에도 비밀글이 있습니다. 아직 다 못 다듬은 미완의 글을 비공개 상태로 둔 건데요, 마음에 드는 정도가 되면 공개로 돌립니다. 아무도 보지 않는 글에는 긴장감이 없어요. 이상하게도, 공개로 돌리고 난 후 다시 들여다보면 허물도 보이고 고쳐야 할 곳도 눈에 띕니다. 쓰는 입장과 읽는 입장 사이를 오가면서 꾸준히 글을 고칩니다.

글쓰기가 무서운 분들께는 강원국 선생님이 〈세상을 바꾸는 시간, 15분〉에서 '글쓰기의 두려움을 이기는 법'을 주제로 했던 강연을 추천합니다.

선생님은 이 강연에서 글쓰기가 쉬워지는 세 가지 팁을 알려줍니다. 첫째, 스스로 마감 시간을 정하세요. 글을 잘 쓰려는 욕심에 한없이 붙잡고 있으면 절대 완성되지 않아요. 마감 시간을 정하고 주어진 시간 내에 쓰려고 노력해야 완성할 수 있습니다.

둘째, 자기 최면을 거세요. 사람들의 시선을 너무 의식하면 글이 나오지 않아요. 남들은 내 글에 그다지 관심이 없다고 생각하면 부담이 줄고 글이 술술 나옵니다.

셋째, 몰입하세요. 글쓰기에 몰입하는 비결은 간단합니다. 앉아서 한 줄이라도 쓰면 그 문장을 붙들고 집중하게 됩니다. 앉아서 무조건 쓰기 시작하면 몰입하게 됩니다.

여기에 하나 더 보태자면, 습관이 중요하다는 것입니다. 글을 쓰는 자신의 루틴을 만드는 겁니다. 특정 시간에 특정 장소에 앉아 특정한 동작을 반복하는 겁니다. 처음엔 게으른 뇌가 귀찮아하고 반항도 할 겁니다. 하지만 똑같은 일정이 계속 반복되면 뇌도 어느 순간 알아차리게 됩니다. '에이, 오늘도 글을 쓰려나 보다. 그래, 그렇게까지 하고 싶으면 한번 써봐라.' 처음에는 어떻게든 다른 쪽으로 끌고 가려고 기를 쓰던 뇌가 어느 순간 포기하고 순응하는 날이 기적처럼 오게 됩니다.

하나를 더하려면
하나를 빼야 한다

어느 날 블로그 방명록에 다음의 질문이 올라왔습니다.

올해 목표가 독서라 서점에 가서 책을 고르다 PD님의 책을 읽었어요.
그 결과 영어 공부까지 새로운 목표로 추가하게 됐습니다. 궁금한 점이
한 가지 있습니다. 그렇게 바쁘신 분이 독서도 하고 여행도 다니시고,
그럼 애들과 시간은 어떻게 보내시는지? 혹시 애들에게 소홀하신 건
아닌가요? PD님의 시간 쪼개기 비결을 알려주세요.

질문을 읽는 순간, 팍 찔렸습니다. 아빠가 아무리 열심히 놀아준다
해도 아이들에겐 늘 부족할 거예요. 더 열심히 놀아줘야겠다고 속으

로 다짐하면서, 질문에 다음과 같이 답해드렸어요.

시간관리를 할 때 저는 동심원 3개를 그립니다.

1. 가장 가운데에 있는 핵심 동그라미는 나입니다.

2. 나를 둘러싼 두 번째 동그라미는 가족입니다.

3. 그 바깥 동그라미에는 친구와 직장 동료들이 있습니다.

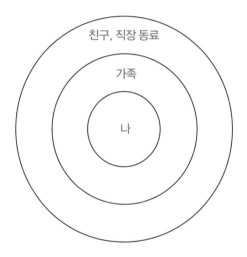

시간관리를 할 때는 가운데 동그라미부터 채워나갑니다. 제가 우선이고, 가족이 그다음입니다. 동료는 가장 바깥쪽에 있어요. 워런 버핏도 투자의 핵심에 대해 이렇게 말했어요.

"자신에게 최대한 많이 투자하라. 당신은 당신의 가장 큰 자산이다."

저의 시간관리에서 가장 큰 특징은 저녁 약속을 잡지 않는다는 것입니다. 한 달에 한두 번 정도 피치 못할 약속만 나갑니다. 동창회나 회식 자리는 나가지 않습니다. 저녁 약속이 있어도 7시 전에 만나 밥을 먹고, 9시 늦어도 10시에는 자리에서 일어납니다. 2차 가자고 붙잡거나 억지로 술을 먹이는 자리는 다음부터 안 갑니다.

아내는 일하느라 바빠서 늦는 날이 많습니다. 제가 술 약속이라도 잡으면 아이는 엄마, 아빠 아무도 없이 잠자리에 들어야 해요. 물론 아이를 돌봐주는 아주머니가 계시지만 엄마, 아빠 둘 중 하나는 아이가 잠들기 전에 들어오자는 것이 아내와의 암묵적 약속입니다. 아내는 일 때문에 늦는데, 제가 술 약속으로 늦을 수는 없지요. 그래서 술도 안 마시고 저녁 약속도 피합니다.

큰애를 키워보니 알겠더라고요. 아이가 부모를 찾는 것도 초등학교 때까지입니다. 중학생이 되면 친구가 우선이에요. 놀아달라는 것도 열 살 언저리까지입니다. 저는 매일 저녁 늦둥이 딸이랑 같이 저녁 먹고 보드게임하며 놀다 9시가 되면 아이에게 책을 읽어줍니다. 그러다 같이 잠들어요.

가족을 위해 저를 희생하는 것이 아닙니다. 저 자신을 위해서 그럽니다. 제작 현장을 떠나 송출실에서 근무하면서부터 교대로 철야 근무를 했는데요. 나이가 나이인지라 밤을 새우는 게 참 힘듭니다. 야근을 한 다음 날엔 일찍 잠자리에 들어 사이클을 정상으로 되돌려놓아야 합니다. 만약 야근이 없는 날 술을 마시고 늦게 잠자리에 들면 한동안 낮밤이 바뀌어 힘듭니다. 낮 근무를 하는 날은 아침 7시 30분에 근무 시작이라 새벽 5시에 일어납니다. 무조건 일찍 자고 일찍 일어나는 습관을 유지해야 낮밤이 수시로 바뀌어도 컨디션을 유지할 수 있습니다.

10시 전에 잠자리에 들기에 매일 새벽 5시면 절로 눈이 떠집니다. 그때부터 블로그에 올릴 글을 씁니다. 아이들이 일어나기 전, 회사 업무가 시작되기 전의 그 시간이 유일하게 저 자신을 위해 집중할 수 있는 시간이거든요. 5시에 일어나려면 10시 전에 잠자리에 들어야 합니다. 술을 마시고 자정을 넘겨 들어왔는데 블로그 때문에 5시에 억지로 일어나려면 몸이 괴롭습니다. 피곤할 때는 글을 쓰기도 어렵습니다. 업무도 아니고 누가 돈을 주는 일도 아닌데 새벽에 잠을 떨치기는 쉽지 않아요. 글쓰기가 즐거우려면 일찍 자고 맑은 정신으로 일어나야 합니다. 저녁에 아이를 보다 함께 잠들고 새벽에 일찍 일어나 나를 위한 시간을 확보하는 것, 이것이 제 시간관리의 핵심입니다.

인기 블로거들이 선호하는 최적의 포스트 시간은 아침 6시에서 7시 사이입니다. 출근 시간에 SNS를 통한 트래픽이 가장 많이 발생하기 때문이죠. 아침 7시에 글을 올리면 출근길의 직장인이나 오전에

접속하는 학생들에게 쉽게 노출된다는 장점이 있습니다. 점심시간과 퇴근시간에도 페이스북이나 인스타그램 사용량이 늘어납니다. 그러나 일과 중에 포스팅을 하는 것은 능률적이지 않아요. 일의 맥도 끊기고 포스팅에도 온전히 집중하기 어려우니까요. 약속이나 일에 방해받지 않는 유일한 시간은 아침 6시입니다.

저녁 약속을 잡지 않는다고 하면, 사회생활에 지장은 없느냐고 묻기도 합니다. 글쎄요, 저는 인생에서 무언가 더하고 싶은 게 있을 때 먼저 제 삶을 돌아봅니다. 지금 내 삶에서 뺄 수 있는 건 무엇일까? 아무것도 빼지 않고 그냥 더할 수는 없어요. 제 인생은 이미 '만땅'이거든요. 하나를 더하려면 하나를 빼야 합니다. 제겐 그것이 저녁 술자리였어요.

나이 50이 되어보니 알겠어요. 세상일에는 다 때가 있다는 것을요. 일단 육아가 그렇습니다. 아이가 놀아달라고 조를 때가 고마운 때입니다. 크면 부모가 같이 놀고 싶어 해도 안 놀아줘요. 아이가 어릴 때는 아이에게 집중하는 것이 맞습니다. 자기계발도 마찬가지예요. 하고 싶은 일이 있을 때는, 그 일을 지금 당장 해야 합니다. 지금 이 순간 제게 가장 즐거운 일은 독서, 여행, 글쓰기 세 가지입니다. 이 셋에 집중하면서 삽니다. 늘 책을 쓰고 싶었지만, 직장에 다니고 두 딸을 키우면서 시간을 쪼개 원고를 쓴다는 게 쉽지는 않았습니다. 그 와중에 책도 읽고 여행도 다니거든요. 그래서 마음 독하게 먹고, 카톡 프로필을 바꿨어요.

'열공 모드, 매일 블로그 업데이트 중!'

이제 매일 글을 한 편씩 쓰는 것이 나 자신과의 약속이자 세상을 향한 공약이 됐어요. 그 약속 덕분에 꾸준히 글을 쓰고, 책으로 만들 원고를 모을 수 있습니다. 글자에는 주술적인 힘이 있어요. 머릿속 생각이나 말 한마디는 나를 붙들지 못하지만, 글로 남긴 약속은 인생을 바꾸는 마법의 주문이 됩니다. 세상일이 잘 안 풀릴 때 나라 탓이나 회사 탓, 상사 탓을 하며 술로 분을 삭일 수도 있지요. 하지만 그래 봤자 내 몸만 축나요. 일이 풀리지 않을 때 저는 자신을 들여다봅니다. 지금 이 순간 내가 할 수 있는 일은 무엇일까? 오늘 무엇을 해야 내일은 이렇게 힘들지 않을까?

즐거운 일을 하며 하루하루 성장하는 자신을 꿈꿉니다. 우선 내가 더 좋은 사람이 되어야 아빠로서 더 나은 사람이 될 수 있고, 더 경쟁력 있는 직장인이 될 수 있으니까요. 매일 새벽, 게으른 나와 부지런한 나 사이에 싸움이 벌어집니다. 그때마다 저는 부지런한 나를 응원해요. 내게 더 큰 보람, 더 큰 즐거움을 선사한 것은 항상 부지런한 나였으니까요.

일단
버텨야 한다

모든 일이 그렇듯이 블로그도 양이 쌓여야 질적 변환이 찾아옵니다. 들인 시간에 정비례해서 방문자 수가 느는 게 아니라 어느 순간 갑자기 확 느는 순간이 찾아옵니다. 문제는 그때까지 버티는 게 쉽지 않다는 거지요. 성과가 바로 나타나지 않으면 그만두고 싶거든요. 그럴 때 저는 '시정마처럼 살자'고 다짐합니다.

경마장에서 몸값이 가장 비싼 말은 종마입니다. 몸값이 100억 원에 이르기도 하지요. 혈통이 좋은 종마에게 씨를 받아야 뛰어난 경주마를 얻을 수 있기에 귀하신 몸 대접을 받습니다. 말들이 실제로 교미하는 데 걸리는 시간은 3초에서 5초래요. 그런데 발정기에 들어간 암말들은 대개 난폭하다는군요. 섣불리 교미하려고 덤볐다가는 뒷발에 차여서 비명횡사하기도 한답니다.

　데이비드 버스의 《진화심리학》을 보니 암컷과 수컷은 난자와 정자에 투자하는 정도가 다르다고 해요. 그래서 성선택을 할 때 수컷은 더 많은 기회를 추구하고, 암컷은 상대를 꼼꼼히 가린답니다. 아마 씨암말이 교미 직전에 난폭해지는 건 거친 공격을 받아도 몇 시간씩 대시할 수 있는 스태미나가 수말에게 있는지 알아보는 과정이 아닐까 싶습니다.

　문제는 그러다 보니 수십억을 호가하는 종마가 교미 과정에서 암말의 뒷발굽에 채여 죽기도 한다는 건데요. 이는 마주로서 절대 피하고 싶은 재난입니다. 그래서 등장한 게 '시정마'라네요. 일명 '애무하는 말'이라고도 해요. 대충 어떤 역할을 하는지 짐작이 갈 겁니다. 시정마는 암말에게 작업을 겁니다. 뒷발질하고 뿌리치는 암말을 어르고 달래서 암말을 흥분시키는 역할을 하는 잡종 말이지요. 두세 시간에 걸친 시도 끝에 암말이 흥분하여 상대를 받아들일 자세를 취하면 시정마는 끌려 나옵니다. 혹시라도 암말에게 임신이라도 시키면 마주에게 손해가 막심하기에 피임 기구 같은 것도 미리 달아둔다네요. 분위기가 무르익으면 장정 여럿이 붙어 시정마를 끌어내요. 공들여 흥분시킨 암말을 눈앞에 두고 철수해야 하니 분하기도 하겠지요. 끌려 나오지 않으려고 몸부림을 치고 소리도 지르지만 소용없습니다. 그냥 질질질 끌어낸답니다.

PD로서 신인 배우 오디션을 볼 때도 있고, 드라마 극본 공모 심사나 신입 PD 공채 면접 심사도 합니다. 배우건 작가건 연출이건, 모든 지망생의 삶은 힘들지요. 기본적으로 경쟁률이 수백 대 1은 되는 것 같아요. 드라마 제작은 수십억의 큰돈이 들어가는 작업이기에 대본 선정이 가장 중요해요. 그래서 제작을 검토하는 대본은 당장에라도 드라마로 제작할 수 있게끔 기획안, 인물 소개, 대사까지 공을 들여 꼼꼼히 살피죠. 대본 수백 편 중 방송이 되는 건 한두 편에 불과합니다. PD나 아나운서 역시 수백 대 1이라는 공채의 벽을 넘지 못하고 좌절하는 사람이 참 많습니다. 세상에서 자신의 꿈을 펼치기가 이렇게 어렵습니다.

다시 시정마 얘기로 돌아가 볼까요. 시정마와 종마를 나누는 것은 혈통입니다. 좋은 혈통을 타고나면 비싼 몸값의 종마가 되고, 출생이 잡종이면 시정마로 살다 생을 마감하지요. 불쌍해 보이지만, 그 시정마도 아무나 하는 건 아니에요. 암말의 공격을 받으면서도 몇 시간씩 애무를 시도하는 스태미나를 갖춰야 좋은 시정마가 될 수 있습니다. 교미 직전에 몇 번 질질 끌려 나왔다고 암말에게 시큰둥한 반응을 보인다면, 시정마로서 낙제점입니다. 교미에 성공한 적이 없지만, 마치 단 한 번도 실패한 적이 없는 것처럼 기회가 올 때마다 힘차게 흥분할 수 있어야 제대로 된 시정마인 거지요.

저는 시정마처럼 살고 싶습니다. 제가 시도하는 일이 잘 풀릴지 안 풀릴지는 알 수 없어요. 그럼에도 새로운 연출 기회나 새로운 집필 기회가 생기면 마치 한 번도 실패하지 않은 연출처럼, 한 번도 망하지 않은 작가처럼 설레는 가슴으로 일하는 게 제 꿈입니다.

종마의 삶인지, 시정마의 삶인지 알 수 없습니다. 하지만 꿈꾸는 이 순간 흥분을 즐길 수 있다면, 그 이상 무엇을 바라겠습니까.

바둑에서 살아날지 죽을지 모르는 상황에 몰린 말을 미생마(未生馬)라고 합니다. 누구나 절체절명의 궁지에 몰리는 순간이 있습니다. 죽기 전에는, 숨이 붙어 있는 한, 기회가 있다고 믿습니다. 1년에 수십억을 버는 스타 작가도 극본 공모에 응모하는 신인 작가이던 시절이 있었어요. 모든 배우와 PD는 지망생이던 시절을 거친 사람들입니다. 미생마가 완생하기 위해서는, 일단 버텨야 합니다.

조금 부족할지라도
끈질기게!

옛날 바닷가 마을에 어부가 한 사람 살았어요. 그는 대구잡이로 부모를 봉양하면서 생계를 꾸려갔지요. 그런데 어느 날부터 대구가 안 잡혔어요. 기후의 변화로 어종이 바뀌면서 대구가 사라지고 청어가 왔답니다. 청어는 대구보다 크기가 작아 그물을 치면 그물눈 사이로 다 빠져나갔대요. 결국 마을 사람들은 그물눈이 더 촘촘한 새로운 그물을 짜야 했지요. 그러나 어부는 늘 쓰던 그물을 고집했습니다.

"저는 손에 익은 그물이 더 좋아서요."

부지런히 그물을 던졌지만 고기는 잡히지 않았어요. 결국 그는 부모도 봉양할 수 없고 본인도 배를 곯는 처지에 이르렀지요. 그는 하느님께 분통을 터뜨렸습니다.

"이렇게 열심히 사는 제게 왜 시련을 주시는 건가요!"

열심히 사는 게 능사가 아닙니다. 시대의 흐름을 읽어야 해요. 세상이 변화하는데 혼자 옛날 방식을 고집하는 사람은 일의 세계에서 살아남지 못합니다. '가뜩이나 바쁜데 매일 블로그까지 하라고?' 알아요, 힘들다는 건. 하지만 세상이 바뀌고 있어요. 지금 이 순간이 미디어의 격변기라는 게 온몸으로 느껴집니다. 이제 자신의 콘텐츠를 만드는 게 경쟁력이 되는 시대입니다. 매스미디어의 시대가 가고, 소셜미디어의 시대가 옵니다. 알려진 이름만으로 영향력을 독점하던 시대는 이미 저물었어요. 콘텐츠를 가진 개인이 네트워크만 가진 미디어보다 더 큰 영향력을 발휘할 수 있는 시대가 오고 있어요. 그런 시대에 자신만의 콘텐츠를 만드는 가장 유용한 도구가 블로그입니다. 하다못해 유튜브나 팟캐스트조차 기본적인 제작 방법을 알고 있어야 하지만, 블로그는 아주 쉬워요. 기술적인 어려움이 없기 때문에 자신만의 독창적인 콘텐츠를 만드는 데 더 집중할 수 있습니다.

드라마 PD는 하루하루 주어진 마감 시간과 씨름하는 직업입니다. 방송 나가는 드라마를 보며 "시간이 조금만 더 있었다면 더 잘 찍었을 텐데…" 하고 후회하는 건 의미가 없어요. 한정된 시간이라는 자원을 어떻게 잘 활용하느냐가 연출의 실력이니까요.

때로 우리는 품질을 놓고 타협하지 않겠다는 핑계로 마감을 미루려 합니다. 비겁한 변명이지요. 월급쟁이가 절대 해서는 안 되는 말입니다. 방송 연출은 제게 예술이 아니라 직업이에요. 작품의 질을 떨어뜨리지 않겠답시고 욕심을 부려 방송을 펑크 내면, 회사와의 약속은 어찌 되고 광고주와의 계약은 어떻게 되나요? 연출 초창기에 "아직 준비가 부족해서 방송을 내보낼 수 없습니다"라고 고집을 부린 일이 있어요. 그때 선배에게 따끔한 충고를 들었습니다.

"예술을 할 거면 집에 가서 해라. 회삿돈 받고 예술 하는 거 아니다. 우리가 회사에서 월급을 받는 건 광고를 재깍재깍 붙여 팔 수 있는 상품을 만들기 때문이지, 예술작품을 만들기 때문이 아니거든."

저는 블로그를 하면서 매일 마감하는 훈련을 합니다. 돈 받고 하는 일도 아닌데 왜 마감에 쫓기느냐고요? 품질을 높이기 위해 글을 아끼면 오히려 품질은 더 떨어집니다. 마감에 쫓기며 꾸준히 써야 글이 느는데, 마감이 없으면 긴장도 사라지고 열심히 써야겠다는 의욕도 사라져요. 취미 삼아 하는 블로그지만 마감의 틀 안에서 자신을 괴롭히기를 감히 권합니다.

2002년 봄, 골든 로즈 TV 페스티벌이라는 국제방송대회에서 〈뉴 논스톱〉이 아시아 지역 시트콤으로서는 최초로 본선에 진출했습니다. 당시 행사가 열리는 스위스 몽트뢰를 방문했다가 영국 BBC에서 온 프로듀서를 만난 적이 있어요. 그가 〈뉴 논스톱〉이 어떤 드라마냐고 묻기에 "일일 시트콤입니다(It's a daily sitcom)"라고 했더니 눈이 휘둥그레졌어요. 아니, 시트콤을 매일 방송한다고? 국제방송대회에 초청된 대부분의 작품은 주 1회 방송이었어요. 미드도 주 1회, 일드도 주 1회씩 방송합니다.

"넌 정말 빨리 찍는구나. 어떻게 일주일에 다섯 편씩 찍는 거지? 비결이 뭐야?"

"난 포기가 빨라."

사실이에요. 무려 2년 6개월 동안이나 일일 시트콤을 찍어낼 수 있었던 건 최선을 고집하기보다 재빠르게 차선과 타협한 덕입니다. 저라고 왜 욕심이 없겠어요. 연출을 하다 보면 촬영 장소가 마음에 안 들어서, 대본이 마음에 안 들어서, 연기가 마음에 안 들어서, 날씨가 마음에 안 들어서 등 촬영을 접어야 할 이유가 매번 수십 가지입니다. 하지만 촬영을 오늘 내에 마쳐야 하는 이유는 단 하나예요. 안 그러면 내일 방송 펑크라는 것.

매일 블로그에 새 글을 올리면서도 같은 고민을 합니다. '이게 과연 내가 쓸 수 있는 최고의 글일까?' 그렇게 생각하지는 않아요. 하지만 그렇다고 좋은 글이 나올 때까지 기다릴 생각은 없습니다. 조금 부족하더라도 끈질기게 매일 올려야 날마다 찾아오는 사람이 늘고, 보는 사람이 늘어야 신이 나서 글도 쓰고, 그래야 결국 글도 는다고 믿거든요.

단골가게 같은
공간으로

무라카미 하루키가 쓴《달리기를 말할 때 내가 하고 싶은 이야기》를 보면 그가 술집을 경영하던 시절의 가게 운영 철학이 나옵니다. 뜨내기손님 열보다 단골 하나를 만드는 것이 더 중요하며, 열 명의 손님이 왔다면 그중 한 명을 감동시켜 단골로 만들 수 있어야 한다고 했지요.

이 철학은 블로그를 운영하는 데에도 적용됩니다. 검색을 통해 블로그로 트래픽을 유입시키는 건 목 좋은 입지에 커피숍을 열어 손님을 끄는 일과 비슷합니다. 하지만 지식을 찾아온 손님에게 지식만 주면, 원하던 것을 얻은 후에는 뒤도 안 돌아보고 창을 닫아버립니다. 정보를 입수할 수 있는 경로는 블로그가 아니라도 많거든요. 각종 기업 홈페이지나 검색 포털 메인, 정부 사이트 등…. 그러나 이런 공식 홈페이지들은 주인이 앉아 있다는 느낌, 사람이 기다리다가 직접 반겨준다는 느낌이 안 들어요. 아르바이트생들이 서서 기계적으로 주문만 받는 프랜차이즈형 카페 같아요. 블로그는 지식과 정보를 나눌 뿐 아니라 이야기를 나누는 공간이어야 합니다. 저는 찾아오는 손님에게 주인이 직접 말을 건네는 단골가게 같은 공간을 만들고 싶어요. 그것이 블로그의 매력이니까요.

블로거에게 단골은 참으로 소중합니다. 눈팅만 하고 가는 백 명은 누가 누군지 몰라요. 하지만 댓글로 인사를 나누는 단골손님 한 명 한 명이 블로그 운영에 큰 도움이 됩니다. "글 잘 읽었어요"라는 인사나 '좋아요' 단추의 숫자만 잘 세어봐도 사람들이 어떤 메뉴를 좋아하는지, 어떤 맛을 원하는지 알 수 있거든요.

블로그 단골을 만드는 비결은 무엇일까요? 인기 팟캐스트 〈나는 꼼수다〉, 〈맘마이스〉의 김용민 PD는 라디오 방송 PD로 일할 때 단골 청취자를 배려하는 차원에서 DJ에게 이런 주문을 했다고 해요.

"청취자의 사연만 읽어줘라. 괜히 거기에 코멘트 달려고 하지 마라. 상대는 공감만 원할 뿐이다. 공감은 사연을 읽어주는 것만으로도 족하다."

블로그의 댓글이나 방명록을 읽으면서 진심으로 귀를 기울이되 참견이나 간섭을 하지 않으려고 최대한 노력합니다. 그들의 이야기를 제가 직접 읽었다는 것을 알리기 위해 "고맙습니다" 등 짤막한 댓글을 달기도 하는데, 중요한 건 그들의 글을 제가 열심히 읽는다는 것입니다. 살다가 힘들 때는 저 역시 단골 블로그를 찾아갑니다. 단골 술집을 순례하듯 단골 블로그에 들러 새로운 글을 읽다 보면, 삶에 활력도 생기고 영감도 얻게 됩니다. 하나하나 단골가게도 늘려가고 단골손님도 늘려가는 것, 그것이 블로그를 즐기는 방법 아닐까요?

글쓰기 공부,
독서 리뷰 1

블로그에 쓸 소재가 떨어지면 저는 책을 펼칩니다. 책에는 무수한 이야기가 담겨 있거든요. 책을 읽는 것은 그 자체로 좋은 글쓰기 공부입니다. 책은 그냥 읽는 것보다 리뷰를 쓰려고 마음먹고 읽으면 훨씬 더 잘 읽게 됩니다. 《아까운 책 2013》(김지수 외, 부키)에 기고한 리뷰를 소개합니다.

《제노사이드》
인간답게 살긴 힘들어도 괴물은 되지 말자

지난 한 해 유난히 책을 많이 읽었는데, 그중 딱 한 권만 추천하라면 가장 재미난 책을 고르고 싶습니다. 그래서 뽑은 책이 다카노 가즈아키의 《제노사이드》입니다. 지구적 스케일의 사건을 일본이라는 국지적 무대에서 푸는 게 일본 작가들의 특기인데, 《제노사이드》역시 마찬가지예요.

일본에서 한 학자가 죽고 그 아들이 아버지의 유품을 정리하다 의문의 편지를 읽게 됩니다. 그 아들은 전형적인 이공계 '오타쿠'인데 만약 그의 손에 들어온 것이 인류를 구할 수 있는 단서라면 그가 해야 할 행동은 무엇일까요? 한편 지구 반대편 미국에서는 대통령이 아프리카 내전과 관련해 어떤 군사 작전을 승인합니다. 미국의 국익을 위해 내린 결정이라지만 가끔 그러한 결정은 이민족에 대한 전쟁으로 이어지곤 합니다. 이번 작전은 혹시 다른 인종에 대한 제노사이드가 아닐까요? 그리고 또 한 명의 주인공이 등장합니다. 불치병을 앓는 아들의 목숨을 건지기 위해 자신의 목숨을 내건 아버지가 있어요. 용병으로 아프리카 내전에 자원한 그는 인종 학살의 참상을 목격합니다. 일본 이공계 대학생의 실험실, 미국 백악관의 전쟁지휘실, 아프리카 내전의 현장, 각기 다른 장소에서 세 남자의 운명이 얽히고 갈립니다. 인류의 미래를 놓고.

작가 다카노 가즈아키는 어려서 영화감독을 지망하여 초등학교 6학년 때부터 독립영화를 제작했다고 하는군요. 미국에서 영화 연출을 공부하고, 일본 텔레비전 제작 현장에서 프로듀서로 일하다 소설가로 데뷔했어요. 박진감 넘치는 이야기 전개와 시각적 쾌감을 선사하는 디테일한 묘사가 그의 장기인데, 아마 오래도록 영상을 다룬 작가로서의 경력 덕분이 아닐까 싶습니다. 21세기가 아무리 영상 미디어의 시대라 해도 스토리텔링의 기본은 역시 활자예요. 영화보다 더 재미난 영화감독 출신 작가의 소설, 많은 이들이 책 읽는 재미를 만끽

하는 계기가 되기를 바랍니다.

'제노사이드'란 인종 학살을 뜻하지요. 소설의 표지에도 나오는 질문입니다. '어째서 인간만이 자신의 종을 죽이는 것일까?'

> 예를 들어 적이 인종적으로 다르며, 언어도 종교도 이데올로기도 다르게 되면 심리적 거리가 멀어지며 그만큼 죽이기 쉬워진다. 평소에도 다른 민족과 심리적인 거리를 가지고 있는 사람, 즉 스스로가 소속된 민족 집단의 우월성을 믿으며 다른 민족을 열등하다고 느끼는 인간이 전쟁에서 손쉽게 변모하는 모습을 보인다. 평소에 주위를 둘러보면 그런 사람을 한둘쯤 바로 찾을 수 있을 것이다. 그리고 싸우는 상대가 윤리적으로도 열등한, 짐승이나 다름없는 사람들이라고 철저하게 가르쳐두면 정의를 위한 살육이 시작된다.
>
> – 《제노사이드》(다카노 가즈아키 저 / 김수영 역 / 황금가지)

가즈아키는 한국인 유학생을 소설 속 인물로 등장시켜 일본군의 난징 학살이나 관동대지진 당시 조선인 학살에 대한 이야기를 꺼냅니다. 학살 당사자인 일본 입장에서 쉽지 않은 이야기일 수도 있는데, 과연 인종 학살이 일본만의 역사일까요?

우리의 역사에도 학살은 있습니다. 노근리 양민 학살과 베트남전 양민 학살. 동맹국 군인이 주둔국의 민간인을 학살했다는 점에서는 같은 사건이지만, 1950년에 피해자였던 우리는 1966년에 가해자가 됐습니다. 1973년 월남파병이 끝난 후, 양민 학살의 기억을 갖고 돌아온 군 지도부는 7년 후 광주에서 학살을 일으켰습니다. 인종도 종교도 언어도 같은 동포를 상대로. 나와 똑같이 생긴 사람에게 총구를 겨누었을 때 진압군의 머릿속에는 어떤 생각이 떠올랐을까요? 누군가의 아들이고 누군가의 아버지고 누군가의 친구일 수 있는 사람이지만, '빨갱이'라는 이름을 붙이면 죽이기가 쉬워지는 걸까요?

《제노사이드》를 읽으며 힘든 현실을 잠시 잊을 수 있었고, 내가 이해할 수 없었던 세상을 조금이나마 이해할 수 있게 됐습니다. 그리고 나 역시 누군가를 함부로 어떤 이름으로 규정하는 일을 경계하게 됐습니다. 이 좋은 책을 내게 추천해준 것은 평론가 김봉석입니다. 그가 쓴《하드보일드는 나의 힘》을 통해 재미난 소설을 많이 발굴했고, 그 많은 소설을 읽으며 고난에서 버티는 법도 배웠거든요.

> 하드보일드는 살아남은 자, 아니 살아가야만 하는 자의 서사다. 아무것도 줄 수 없다 해도, 미로를 헤매는 즐거움은 존재할 수 있다. 이 끝없는 미로의 출구가 어딘가에 있을 것이라는, 한 가닥 희망만은 간절하게 남아 있기에. 그게 하드보일드의 비극적인 세계관이다. 알 수는 없지만, 믿을 수도 없지만 지금 이 순간에 내가 할 수 있는 것을 해야만 한다. 나

는 하드보일드가 일종의 스타일이며, 애티튜드라고 생각한다. 작가가,

캐릭터가 세상을 대하는 태도와 살아가는 방식으로서, 세상의 폭력에

맞서 살아남는 한 가지 방법.

-《하드보일드는 나의 힘》(김봉석 저 / 예담)

하드보일드한 세상에 희망이 있을까요? 이 길의 끝에 희망이 있는지 없는지 알아보는 방법은, 일단 살아남고 보는 것입니다. 살아남기 위해 짐승의 길을 선택하는 이도 있지만, 우리에게 최선은 인간으로서 살아남는 것입니다.

'인간답게 사는 게 힘들어도 최소한 괴물은 되지 말아야지.'

5장

매일의 기록이 쌓여
비범한 삶이 된다

대본이란 평범한 이야기 95퍼센트에 새로운 요소 5퍼센트를 가미한 것입니다. 그래야 대중에게 와닿아요. 주인공이나 이야기가 너무 비범하면 재미가 없어요. 현실감이 부족해서 몰입하는 데 방해가 되거든요. 누구나 한 번쯤 겪어봄 직한 이야기라야 비로소 몰입할 수 있습니다. 블로그 역시 마찬가지예요. 평범한 일상의 기록이 더 재미있습니다. 쉽게 공감할 수 있기 때문이에요. 그래서 저는 비범한 삶을 꿈꾸기보다 비범한 기록을 꿈꿉니다.

세상은 넓고 독자는 많다

드라마 PD가 블로그에 빠진 이유가 무엇일까요? 시대를 뛰어넘는 활자의 힘 때문입니다. 딸들이 먼 훗날 인터넷의 바다를 항해하다 우연히 내 블로그를 만나고, 해묵은 나의 글줄을 통해 위로받을 수 있다면. 내 블로그 곳곳에 숨겨놓은 자신들의 아기 시절 사진 속에서, 자신들과의 소소한 일상을 담담하게 써 내려간 특별할 것 없는 글 속에서 아빠의 사랑을 느낄 수만 있다면…. 시공을 초월하는 메시지의 힘, 그것이 제가 블로그를 하는 이유입니다.

병 속에 넣은 편지

블로그는 병 속에 넣은 편지입니다. 예컨대 10년 후의 나에게 보내는 스무 살의 편지죠. 10년의 세월이 흘러 "아, 스무 살의 나는 이런 고민을 하며 살았구나. 그래도 지금은 많이 컸네" 하고 스스로를 다독일 수 있으면 80점, "야, 이때 정말 열심히 살았구나. 그 덕에 지금 참 많은 것을 누리게 됐네" 하면 90점. "지난 10년 열심히 살아서 이렇게 잘됐으니 앞으로도 열심히 살아야겠다!"라고 느낀다면 100점이겠지요? 결국 블로그는 미래의 자신에게 보내는 약속의 편지입니다.

나의 과거: 나의 삶

홍상수 감독의 영화 〈잘 알지도 못하면서〉를 보면, 극중의 감독에게 여배우가 묻습니다.

"어쩜 감독님은 그렇게 자기 인생 이야기를 영화로 하세요?"

"그럼 내가 잘 알지도 못하면서 남의 인생 이야기를 할까요?"

영화뿐만이 아닙니다. 블로그에서도 내가 가장 잘 아는 것, 나의 삶을 이야기하는 것이 정답입니다.

"내 인생이 뭐 그리 대단하다고 그걸 주저리주저리 블로그에서 이야기해요?"라고 물으신다면 되묻고 싶어요.

"과연 대단한 삶만 기록할 가치가 있는 걸까요?"

홀로코스트 하면 가장 먼저 떠오르는 몇 가지 단어 중 하나가 《안네의 일기》인데요. 안네가 유명해진 것이 홀로코스트라는 20세기 최대의 비극 때문이었을까요? 홀로코스트로 죽어간 사람은 수십만 명입니다. 그들 한 사람 한 사람 모두가 비극적인 삶의 주인공이었지요. 하지만 우리의 기억 속에 가장 강렬하게 남아 있는 건 안네 프랑크라는 한 소녀입니다. 다락방에 갇혀 지내는 하루하루, 쓸 게 뭐 그리 많았을까요? 어제가 오늘 같고 오늘이 내일 같은, 매한가지인 일상 속에서도 안네는 매일매일 썼습니다. 비범한 것은 안네의 일상이 아니라 꾸준히 이어진 그 기록이지요. 비극적인 현실에 둘러싸인 평범한 소녀의 일기, 그 일상의 기록이 만들어내는 감동은 범상치 않습니다. 때때로 기록의 힘은 현실을 압도하니까요.

블로그도 마찬가지입니다. 나의 평범한 삶을 어떻게 하면 더 맛깔나게 들려줄 수 있을까를 고민하며 쓰고 또 쓰고 고쳐 쓰는 것, 그게 바로 글쓰기를 훈련하는 방법입니다. 더 멋진 삶을 살기 전에는 굳이 내 삶을 기록할 필요를 못 느낀다는 사람도 있어요. 하지만 그건 정말 죽이는 소재가 떠오르기 전에는 대본을 쓸 수 없다고 우기는 작가와 똑같습니다. 그런 자세로는 시나리오 완성하기 힘들어요. 모든 비범한 이야기는 평범한 소재에서 출발하거든요.

대본이란 평범한 이야기 95퍼센트에 새로운 요소 5퍼센트를 가미한 것입니다. 그래야 대중에게 와닿아요. 주인공이나 이야기가 너무 비범하면 재미가 없어요. 현실감이 부족해서 몰입하는 데 방해가 되거든요. 누구나 한 번쯤 겪어봄 직한 이야기라야 비로소 몰입할 수 있습니다. 블로그 역시 마찬가지예요. 평범한 일상의 기록이 더 재미있습니다. 쉽게 공감할 수 있기 때문이에요. 그래서 저는 비범한 삶을 꿈꾸기보다 비범한 기록을 꿈꿉니다. 매일매일 빠짐없이 평생을 기록한다면 이는 더는 평범한 기록이 아니에요. 한 사람의 인생 70년을 기록한다면 그것은 곧 시대의 기록이 되지 않을까요? 나의 삶이 곧 역사가 되는 길, 바로 블로그에 있어요.

나의 현재: 나의 일

예전에 인터넷 검색창에 '김민식 PD'를 치면 이런 검색 결과들이 떴어요. '김민식 PD는 왜 그렇게 연출을 못하나요?', '김민식 PD랑 ○○○ 중에 누가 더 연출을 못하나요?' 앗, 초딩들이 이런 디스를! 그렇다고 명예훼손으로 고소할 수도 없고, 디스에 대응하기 위해 블로그에 폭풍 포스팅을 합니다. 하루에 하나씩 글을 열심히 올리면 얼마 안 가 검색 결과에 제가 올린 글들이 주르륵 떠서 디스들을 밀어냅니다. 다행스럽게도 검색 결과에서 2~3페이지 넘어가는 곳까지 샅샅이 보는 사람은 많지 않거든요.

블로그에 열심히 올리는 글들은 상당 부분 제가 하는 일에 관한 것입니다. 저한테 블로그는 '나의 일 전시관'인 셈이지요. 내가 하는 일, 내가 해온 일, 내가 하고 싶은 일을 블로그를 통해 공개합니다. 10년 전만 해도 아티스트는 커다란 스크랩북에 작품이나 디자인 도안 등의 무거운 포트폴리오를 갖고 다니면서 자신의 작품 세계를 보여주었어요. 요즘엔 그렇게 하지 않아요. 화가든 디자이너든 미디어 아티스트든, 자신의 블로그 주소만 알려주면 됩니다. 출판사에서도 그림 작가나 디자이너를 찾을 때 검색을 통해 포트폴리오를 본다고 하더군요. 일을 구하는 사람이나 일할 사람을 찾는 사람이나 똑같이 검색으로 만나는 세상입니다. "내가 해온 일을 알고 싶으시면 구글에 물어보세요"인 거죠.

저 역시 배우를 캐스팅하기 전에 항상 검색창에 이름을 쳐봅니다. 프로필에 뜬 작품과 링크된 기사를 보면 그 배우가 걸어온 길을 짐작할 수 있어요. 물론 근황까지도 알 수 있습니다. 마찬가지로 캐스팅 제의를 받은 배우들도 저에 대해 검색하겠죠. 배우들에게 저를 꼭 함께 작업하고 싶은 PD로 보여주려고 내가 일하는 방식, 나의 가치관, 작품에 대한 애정까지 블로그를 통해 적극적으로 노출시킵니다. 검색에서 외면당하면 세상도 절 외면할지 모르니까요.

누군가 당신이 어떤 사람인지 궁금해할 수 있어요. 지금 하고 있는 일을 보여주세요. 그리고 곳곳에 내가 좋아하는 것들과 앞으로 하고 싶은 일에 대해 정성을 다해 포스팅하는 겁니다. 앞으로 내가 하게 될 일은 과거에 해온 것과 지금 하고 있는 일, 여기에 그리고 있는 미래가 만나는 지점에서 찾게 됩니다. 누군가의 블로그를 보다 보면 그 사람의 인생이 보여요. 나의 블로그 또한 누군가에게 내 인생을 보여

주는 창입니다. 나에게 기회를 줄 사람이 어느 먼 곳에서 나의 블로
그를 타고 찾아올 수 있으니 이 기회를 절대 놓치지 마시기를.

나의 미래: 나의 꿈

어린 시절 제 꿈은 작가였습니다. 하지만 고등학교 1학년 때 그 꿈
을 접고 이과생의 길을 가게 됐습니다. 글재주가 없다는 걸 깨달았기
때문이에요. 재능이 있는지 없는지 어떻게 알 수 있느냐고요? 재능
이 있는 사람과 비교해보면 확실히 알 수 있습니다. 그런 점에서 저
는 참 불운했어요. 고등학교 1학년 때 정말 재능 있는 친구와 마주쳤
기 때문이지요.

제가 다닌 고등학교에서는 매년 상당히 큰 규모로 시화전이 열렸
습니다. 이웃 여학교에서도 많이들 찾아오는 행사였어요. 평소 글 좀
쓴다고 자부하던 저는 수많은 습작 중에서 야심작을 골라 제출했습
니다. 그러나 그 시화전에서 모든 사람의 눈길을 사로잡은 시가 있었
어요. 누구나 경탄을 금치 못하는 정말로 탁월한 시. 겨우 고등학교 1
학년이었던 저는 그 친구의 시를 보고 깨달았습니다.

'아, 저런 게 타고난 문재(文才)구나.'

그날로 전 작가의 꿈을 접었습니다. 그 친구가 바로 소설가 박민규
입니다. 어려서부터 글재주가 뛰어나 교내에서 명성이 자자했던 민
규는 재능을 좇아 문예창작과를 갔고, 작가의 꿈을 접은 저는 공대로

진학했습니다.

박민규 쇼크(?)로 작가의 꿈을 접고 영업사원과 통역사, PD로 살던 제가 다시금 글을 쓰게 된 건 블로그 덕입니다. 어린 시절 제가 생각한 '작가'는 책을 출간할 수 있는 소수의 선택받은 사람이었어요. 몇 년 전까지만 해도 책이라는 미디어를 만들어낼 수 있는 사람은 소수에 불과했고, 등단한 작가의 글은 오직 신문과 책에서만 볼 수 있었습니다. 그런데 어느 순간 세상이 달라지기 시작했어요. 전형적인 활자 매체였던 신문 기사를 인터넷으로 더 자주 접하게 된 거예요. 그뿐인가요? YES24 블로그에서 황석영 작가의 신작을 만나고, 알라딘 블로그에서 배명훈 작가의 신작을 볼 수 있게 됐습니다. 소설을 볼 수 있는 매체가 종이를 벗어난 거예요.

기사와 소설이 네트워크를 타고 다니는 소셜미디어 시대에는 블로그를 통해 누구나 글을 쓸 수 있고 그것을 대중과 공유할 수 있습니다. 저는 대중과 소통하기 위해 블로그를 시작했어요. 그리고 매일 꾸준히 써온 글 덕분에 제 블로그를 관심 있게 본 출판사의 러브콜을 받게 됐지요. 블로그를 통해 작가의 꿈이 이뤄진 거예요.

꿈꾸는 사람들에게 자신의 꿈을 블로그에 담아보라고 말씀드리고 싶어요. 모든 블로그는 앞으로 가고 싶은 누군가의 삶이자 누군가의 꿈입니다. 꿈이라 해서 꼭 거창할 필요는 없어요. 오랜 자취생활로 갈고닦은 요리 실력을 뽐내는 것도 멋진 콘셉트의 블로그입니다.

자신이 좋아하는 스타의 매력을 알리는 것 또한 블로그를 활용하는 좋은 방법의 하나지요. 책을 좋아하는 사람이라면 꼼꼼한 서평 블로그를 운영함으로써 전문 문학평론가의 영역에 도전할 수 있어요. 어린 시절 방랑자를 꿈꾸었던 사람은 주말마다 여행 다닌 이야기를 블로그에 소개하며 여행 작가가 될 수도 있죠. 정의의 용사를 꿈꾼 사람은 정치 시사 블로그를 운영하며 더 나은 세상을 소망할 수도 있을 거고요. 카카오에서 운영하는 '브런치'라는 블로그 플랫폼이 있는데요, 카카오에서 브런치 작가들을 상대로 책 출간 프로젝트를 진행하기도 합니다. 글쓰기를 좋아하는 이들이 책을 출간하고, 출판사로서도 더 다양한 작가를 만날 수 있는 만남의 장이 열린 거죠.

평범한 사람들의 블로그가 재미있는 이유는 바로 누군가의 꿈을 들여다보는 재미 때문 아닐까요? 선택받은 소수의 전문가가 아니라도 자신의 이야기를 할 수 있다는 것, 블로그가 가져다주는 최고의 선물입니다. 뜻만 있다면 누구나 작가의 꿈을 이룰 수 있어요. 세상은 넓고 독자는 많습니다. 뜻이 없지, 길이 없으랴!

절절히 사랑하는 대상을 찾아라

글을 쓸 때 가장 쉬운 방법은 육하원칙에 따라 쓰는 것입니다. 누가, 언제, 어디서, 무엇을, 어떻게, 왜 했나. 육하원칙 중 가장 중요한 것이 바로 '왜, why'입니다.《영어책 한 권 외워봤니?》를 낸 후, 영어 공부에 대한 강연을 자주 다닙니다. 사람들은 항상 영어 공부를 할 때, 어떤(what) 교재를 가지고 어떻게(how) 공부하는가를 묻는데요. 사실 가장 중요한 질문은 왜(why) 영어 공부를 하느냐입니다. 공부해야 하는 이유가 없는 사람은 잘하기 힘들거든요.

대치동에서 교육 컨설팅 일을 하시는 분을 만난 적이 있어요. 공부를 잘하는 아이와 못하는 아이를 구분하는 법은 의외로 간단하답니다. 먼저, 자신의 학습법이나 가르치는 교사에 대해 의문을 품는 아

162

이는 공부에 집중하기 힘들답니다. '이 선생은 과연 잘 가르치는 걸까?', '이 수업을 듣는다고 성적이 오를까?', '도서관에서 혼자 공부하는 게 차라리 낫지 않을까? 아니, 그 시간에 과외를 받는 게 낫나?' 하는 식으로 머릿속에서 끊임없이 재는 아이들 말이지요. 이에 비해 공부를 잘하는 친구들은 의외로 단순하다네요. 그냥 지금 이 순간 자신이 하고 있는 공부 방식을 믿고 밀어붙인답니다. 공부는 방법보다 그냥 하는 게 가장 중요하거든요.

영어 공부를 할 때도, 어떤 책을 어떤 방식으로 공부하느냐를 끊임없이 고민하는 것보다 그냥 밀어붙이는 편이 낫습니다. 영어가 입에서 술술 나올 때까지 문장을 외우면 되거든요. '무엇을 하느냐' 또는 '어떻게 하느냐'보다 중요한 건 '왜 하느냐'입니다. 제가 영어 조기 교육이 비용 대비 효과가 작다고 말하는 이유가 여기 있어요. 영어를 공부해야 할 필요성을 느끼지 못하는 어린아이들은 영어 학원에 아무리 보내봤자 말이 잘 늘지 않아요. 왜 영어를 써야 하는지 모르거든요.

글을 쓸 때도 마찬가지입니다. 어떤 소재를 가지고 어떻게 쓰느냐보다 더 중요한 것은 글을 쓰는 이유입니다. 글을 써야 하는 이유가 있어야 글을 쓸 수 있습니다.

우리는 왜 글을 쓸까요? 서평가 금정연은 우리가 글을 쓰는 건 사람의 마음을 얻기 위해서라고 말합니다.

애초에 문학이란 여자들을 꼬시기 위해 탄생한 것이기 때문이다. (적어

도 근대문학은 그렇다. 근대문학의 종말이란 소설이 음악 및 기타 예술에 밀려 더는 여자를 꼬시

지 못하게 된 현실을 고상하게 표현한 것이다.)

— 《서서비행》(금정연 저 / 마티)

예전에 정말 좋아하는 후배가 있었어요. 예쁜 아이인데 나를 만나
주는 게 너무 고마워서 무언가 선물을 하고 싶었어요. 그런데 짠돌이
라 비싼 물건을 사지는 못하겠고, 어떡할까 끙끙거리다 어느 날 노트
를 한 권 선물했어요. 빈 노트를 사서, 거기에 후배를 향한 연애시를
썼어요. 네가 좋은 이유, 너를 기다리며, 나는 왜 너를 사랑하는가 등
지금 생각하면 부끄러워 죽어버릴 것 같은 그런 시들을요.

약속 장소에 매번 30분씩 일찍 나가 기다리면서 시 한 편씩을 썼
어요. 오면 시를 한 편 보여주고, 오면 또 보여주고⋯. "너를 위한 시
들로 노트 한 권을 가득 채울 거야!" 그랬는데, 막상 다 채우지는 못
했어요. 네, 한 권 다 쓰기도 전에 그 후배가 저의 청혼을 받아들였거
든요. 결혼하고 나니 시가 더는 안 나오더라고요.

아내는 왜 저랑 결혼해줬을까요? 시를 읽고 감동해서라기보다는
너무 오글거려서, 이런 미친 짓을 끝없이 하는 걸 보니 어지간히 나
를 좋아하는구나 싶어 기특한 마음에 해준 것 같아요. 그런데 읽는
사람의 기분까지 생각했다면 연애시를 못 썼을 거예요. 저는 시를 쓸

때 제 마음만 생각했습니다. 좋아한다는 말은 너무너무 하고 싶은데, 어떻게 표현해야 할지 몰라 미칠 것 같던 제 마음만 오로지 생각했습니다.

영화감독 우디 앨런은 글쓰기에 대해 이렇게 얘기합니다.

> "문학적인 글을 쓸 때는 하면서 반드시 스스로 즐거워야 해요. 왜냐하면 반응을 알 수가 없거든요. (…) 연극이나 영화는 실제로 관객들의 웃음소리를 들을 수 있습니다. 좀 더 생생한 반응이죠. 그리고 작품을 본 사람들을 끊임없이 마주치죠. 글 쓰는 것보다 영화를 만드는 게 훨씬 별로예요."

저도 요즘은 드라마 연출보다 블로그 글쓰기를 더 좋아합니다. 드라마를 찍을 땐 부담이 있어요. 시청률이 낮아서 제작진에게 폐를 끼치면 어떡하나, 광고가 안 팔려서 회사에 손해를 끼치면 어떡하나, 제작비를 초과해서 제작사가 망하면 어떡하나 등.

하지만 블로그를 할 때는 온전히 저의 욕망에 집중할 수 있습니다. 어떤 일을 진정으로 사랑한다면, 그 사랑을 가볍게 표현할 수 있는 최고의 도구가 블로그예요. 맛집을 찾아다니는 하루의 일상, 책에서 감동적인 글귀를 만나는 순간, 그 하나하나가 소중한 소재가 되니까요. 낯모를 연인에게 연시를 바친다는 심정으로, 글을 씁니다. 블로그를 꾸준히 즐겁게 하려면 자신이 사랑하는 대상을 찾는 것이 우선입니다. 새로운 이야기를 찾아내는 첫 번째 비결은 무언가를 절절히 사랑하는 것이니까요.

뭐든 우선
써봐야 한다

드라마 PD로 살면서 저는 '우주의 기운'을 믿습니다. 표절은 아닌데, 꼭 표절처럼 비슷한 이야기가 많거든요. 영화 〈아마겟돈〉과 〈딥 임팩트〉가 비슷한 시기에 개봉하는 걸 보고, '어쩌다 할리우드 제작자들이 동시에 혜성 충돌이라는 소재에 꽂히게 된 걸까?' 궁금했어요. 창작자들에게 동시에 같은 영감이 꽂히는 '우주의 기운' 같은 게 있나 봐요.

〈유미의 세포들〉이란 웹툰이 있어요. 우리 몸속에는 각자 역할이 다른 세포들이 있는데(사랑 세포, 거짓말 세포, 여배우 세포, 출출 세포 등) 어느 세포가 주도권을 잡느냐에 따라 기분이나 선택이 달라진다는군요.

어디서 본 듯하다고요? 그렇지요. 디즈니 영화 〈인사이드 아웃〉

이 떠오르는 설정입니다. 모든 사람의 머릿속에는 기쁨, 슬픔, 버럭, 까칠, 소심 등 감정을 조절하는 다섯 가지 요소가 있고, 누가 조종간을 잡느냐로 기분이 달라진다고요. 표절의 오해가 있을 수 있겠지만, 웹툰은 2015년 4월 1일부터 연재했습니다. 영화 〈인사이드 아웃〉은 2015년 6월 19일에 미국에서 개봉했고, 한국에선 7월 9일에 첫선을 보였어요. 만화 연재를 시작하기 오래전부터 구성안과 스토리를 짜고 또 캐릭터 작업을 마쳐야 한다는 점을 생각해보면, 작가가 기획한 건 연재보다 한참 전이라고 볼 수 있습니다.

만약 웹툰의 연재가 조금 늦었다면 어땠을까요? 우린 이 재미난 웹툰을 영영 못 봤을 수도 있어요. 만화를 구상하던 작가가 영화 〈인사이드 아웃〉을 봤다면 '멘붕'에 빠졌을 거예요. "하필 내가 준비하던 이야기와 똑같은 아이디어가 영화로 먼저 나오다니, 세상에 이렇게 기막힌 우연이!"라며 피눈물을 삼키고 접었겠지요. 결백을 주장하며 연재를 밀어붙여도 표절 논란에 시달렸을 테고, 그 와중에 작가의 사기나 창작열은 꺾이고 말았을 거예요. 불과 몇 달 먼저 나온 덕에 우리가 이 훌륭한 웹툰을 만날 수 있었어요.

주위에서 만나는 드라마 작가나 배우들 중 우연히 자신의 재능을 발견한 이들이 많습니다. 어떤 작가는 중학생 시절, 집안 형편이 어려워 세탁기가 없었대요. 그런데 마침 사연을 보내면 세탁기를 상품으로 주는 라디오 프로를 알게 됐답니다. 재미난 사연을 하나 써서 보냈는데, 덜컥 뽑혔더랍니다. 다음부터 상품 욕심에 사연을 계속 보냈는데, 자꾸 떨어지더래요. 뽑히기 위해 어떻게 해야 할까 고민을 거듭했답니다. 좀 더 재미나게 쓰기 위해 각색을 하고, 같은 이름으로 계속 보내면 안 되니까 동네 아줌마들의 사연과 이름을 빌리고 그랬다네요. 그렇게 탄 상품은 나눴답니다. 그게 자연스럽게 드라마 작법 공부가 된 거예요. 드라마 작가란 재미난 사연을 수집하고, 그걸 이야기로 푸는 사람이거든요.

그 사람은 라디오 사연보다 드라마 대본이 더 돈이 된다는 걸 알고, 방송사에 드라마 대본을 써 보냈답니다. 〈수사반장〉이나 〈전원일기〉 같은 드라마에 습작 대본을 보내다 PD의 눈에 띄어 일을 시작하게 됐다고 합니다. 그분은 지금 1년에 10억 이상을 버는 스타 작가가 됐습니다.

재능도 중요하지만 일단 한번 시도해보는 게 중요합니다. 표현되지 않은 재능은 그냥 머릿속 숱한 망상 중 하나에 불과합니다. 〈유미의 세포들〉이 재미난 웹툰이 될 수 있었던 결정적 이유는, 작가가 연재를 시작했기 때문입니다. 이처럼 세상 모든 일은 '일단 해봐야' 합니다.

좋아하는 사람이 있으면 일단 시간 있느냐고 물어봐야 하고, 읽고 싶은 책이 있으면 일단 뽑아 들고 첫 페이지를 넘겨봐야 하고, 쓰고 싶은 이야기가 있으면 일단 구성안 초안이라도 뽑아서 주위에 돌려야 합니다. 머릿속에서 맴도는 그 생각을 일단 블로그에 올려봅시다. 그게 베스트셀러를 위한 밑그림이 될지, 인생의 새로운 계기가 될지는 아무도 모르니까요.

답은 지금,
여기에!

답은 어디에도 없어요(Answer is nowhere).

답은 지금, 여기에 있습니다(Answer is now, here).

님이라는 글자에 점 하나를 찍으면 남이 되듯이, nowhere에 쉼표 하나 찍으면 'now, here!'가 됩니다.

바빠서 안 되고, 장소가 마땅치 않아 안 된다고 말하는 이들은 자신에게 맞는 시간과 장소를 영원히 찾지 못합니다. 언제 어디서나 마음만 먹으면 할 수 있어야 합니다. 저의 특기는 독서입니다. 책을 읽기 위해 굳이 시간과 공간을 따로 찾지 않아요. 언제 어디서나 짬만나면 읽습니다. 화장실에서 정 읽을거리가 없으면 비데 사용법이라도 읽습니다. 외국어 공부도 마찬가지예요. 언제 어디서든 혼자서 할

171

수 있어야 진짜 공부라고 믿습니다. 정 시간이 없으면 화장실에 서서 일을 보면서 중얼중얼 문장을 암송합니다. 조건이 완성되어야 가능한 공부는, 하다가 조금만 틀어져도 바로 접게 됩니다. 무엇이든, 하려면 지금 이곳에서 해야 합니다.

블로그 글쓰기도 마찬가지입니다. 걷다가 영감이 떠오르면 바로 휴대전화에 메모를 합니다. 책을 읽다 재미있는 대목을 발견하면 스마트폰으로 촬영해두고요. 주제와 관련 있는 자료 역시 스마트폰으로 검색해서 스크린 캡처로 저장해둡니다. 때로는 휴대용 블루투스 키보드를 스마트폰에 연결해 글을 쓰기도 합니다.

퇴근 후에는 그렇게 짬짬이 써둔 메모를 메일로 불러와 살을 붙여가며 포스트를 완성합니다. 스마트폰이 불편하다면 수첩이나 메모장을 활용해도 좋습니다. 주말에는 평일에 써둔 메모를 바탕으로 두세 편씩 써두기도 합니다. 바빠서 미처 글을 쓰지 못하는 날을 대비하는 거지요. 그런 날엔 미리 저장해둔 글을 공개로 바꾸기만 하면 되거든요.

큰딸 민지가 가끔 저한테 투덜거립니다.

"아빠는 택시를 타면 꼭 그렇게 기사 아저씨랑 수다를 떨더라?"

책 속에서 다양한 이야기를 만나는 재미가 있듯이 택시 기사님 한 분 한 분이 다 한 권의 책처럼 느껴져요. 그분들의 말씀에는 다양한 이야기가 담겨 있지요. 손님에게 말 거는 것을 좋아하는 기사님을 만나면 이런저런 삶의 지혜를 엿듣습니다.

한번은 택시를 탔는데, 기사님이 일본어를 잘하시더라고요. 딸들 앞에서 잘난 척을 하고 싶어서 얼른 일본어로 대꾸했더니 깜짝 놀라시더군요. 기사님은 일제 강점기에 학교에서 일본어를 배웠답니다. 올해 연세가 86세라고 하시더군요. 깜짝 놀랐습니다. 그 연세로 안 보인다는 데 우선 놀랐고, 그 연세에도 일을 하신다는 데 또 한 번 놀랐죠.

"우리 때는 학교에서 일본어만 썼어요. 이름도 죄다 일본식이었지. 내가 국민학교 친구가 없어요. 학교에서 다 일본식 이름으로 불렀거든. 야마다니, 데쓰오니. 그러다 해방이 되고 얼마 안 가 전쟁이 일어났잖수. 전쟁이 끝나고 돌아와서 친구를 찾으려고 해도 그 친구들 한글 이름을 몰라서 찾을 수가 없어요."

"기사님 사회생활 하시면서 만난 친구들은요?"

"그 친구들은 다 죽었어요. 하나 남은 친구도 얼마 전에 가고. 이 나이가 되니까 놀려고 해도 같이 놀 친구가 없어…. 할 수 없이 일이나 계속하는 거지, 뭐."

86세에도 일을 하시는 기사님께 건강의 비결을 여쭤봤어요.

"술, 담배를 안 해요. 몸에 나쁘다는 건 해본 적이 없어요. 그리고 화를 안 내요. 스트레스받지 않고 사는 게 중요하거든."

택시를 몰다 보면 이상한 손님도 만나지 않느냐고 여쭈었더니 기다렸다는 듯 이야기하셨어요.

"며칠 전 밤에, 40대 취객을 한 사람 태웠거든. 근데 이 사람이 집에 다 왔는데도 안 일어나는 거예요. 막 흔들어 깨웠더니, 일어나서 갑자기 욕을 하는 거야. 자는데 깨웠다고. 그래서 그랬어요. '아이고, 점잖아 보이는 분이 왜 이러십니까.' 그러면 대개 머쓱해서 그냥 가요. 그 손님도 그랬지 뭐. 만약 내가 '너 나이가 몇이야?' 하고 화를 냈으면 맞붙어 욕을 했겠지. 그럼 무조건 나만 손해야. 나보다 어린 손님에게 욕먹고 기분이 좋을 수가 없잖아요? 그래서 어지간하면 화를 내지 않아요. 내가 보기에는 그게 최고의 장수 비결이야."

가장 중요한 재테크는 무엇일까요? 주식 투자? 부동산 임대? 아니에요, 최고의 재테크는 건강관리입니다. 노후에 가장 소중한 자산이 건강이거든요. 아프면 치료비와 간호비용도 들지만, 무엇보다 소득을 올릴 기회가 사라집니다. 오래도록 현역에서 일할 수 있는 몸 상태를 유지하는 것이 최고의 노후 대비예요. 그러니 지금부터라도 화를 좀 줄이고 살아야겠네요.

블로그에 매일 글을 올리다 보면, 이렇게 지나치는 택시 기사님과의 대화도 좋은 소재가 됩니다. 제가 특별한 삶을 살아서 글을 쓰는 게 아니에요. 평범한 대화도 찬찬히 들여다보고, 꼼꼼히 기록하고, 나만의 의미를 부여하면 나누고 싶은 이야기가 됩니다. 나의 일상이 곧 블로그의 소재가 되지요. 일상에서 글감을 찾을 때, 중요한 건 디테일입니다. 택시 기사님에게서 인상적인 이야기를 들으면 내려서 바로 스마트폰에 메모를 합니다. 스마트폰은 최고의 취재 도구이자 기자수첩이에요. 맛있는 음식을 보면 바로 사진을 찍어둡니다. 멋진 풍광을 만나도 마찬가지이고요. 서울 둘레길을 걸을 땐 산속 표지판을 찍어둡니다. 관악산 구간 팻말에 표시된 정보, 일테면 '사당역까지 30분, 낙성대역까지 15분' 같은 정보가 다음 날 블로그에 글을 쓸 때 중요한 자료가 되거든요. 누군가와 대화하다가 재미난 이야기를 듣거나 영화를 보고 떠오른 감상도 짧고 간단하게 메모를 해둡니다. 새벽에 일어나 전날 했던 즐거운 추억을 다시 꺼내보고, 메모에 적힌 글이나 사진을 참고하여 디테일을 추가해나가면 하루하루의 일상으로 블로그를 채울 수 있습니다.

비범한 삶이라 기록하는 게 아니라 매일 기록하니까 비범한 삶이 되는 거라고 믿으며 오늘도 달립니다.

쓰고 싶은 걸
마음껏 쓴다

저에게 글쓰기는 지극히 개인적인 취미입니다. 블로그에 글을 쓸 때는 무엇이든 마음이 내키는 대로, 내가 쓰고 싶은 내용을 마음껏 씁니다. 글을 처음 쓸 때는 다른 사람의 눈치를 보지 않아야 해요. 오로지 마음 가는 대로 키보드를 두드려야 글쓰기가 즐겁습니다. 나의 욕망에 충실한 글을 쓰고, 그 글은 비공개로 남겨둡니다. 그냥 혼자 보는 용도로 아껴두는 거죠.

비공개 글을 공개로 돌리기 전에는 여러 차례 수정을 거칩니다. 글을 쓸 때는 쓰는 이의 것이지만, 읽을 때는 읽는 이의 것입니다. 하나의 글을 놓고도 누구나 자신의 방식으로 해석합니다. 그게 글의 숙명이에요. 그렇기에 글을 공개로 돌리기 전에는 읽는 이의 입장에 서서 자꾸 들여다봅니다. 글을 읽고 불편할 사람은 없을까? 괜히 오해를 살 부분은 없을까? 독자 입장에서 글을 다듬고 수정합니다. 의도치 않은 대목에서 상처 입은 독자의 반응을 보고, '어? 나는 그런 의도로 쓴 게 아닌데?' 하면 늦어요. 공개된 글쓰기를 할 때는 글에 대한 책임을 져야 하니까요.

예전에 PD 공채 서류전형 심사를 볼 때 비슷비슷한 글을 읽다 보니 헷갈릴 때가 많았어요. 글을 쓴 사람이 전혀 보이지 않는 겁니다. 자기소개서를 쓰는 데에도 비슷한 원칙이 필요합니다. 자신의 이야기를 하는 게 우선입니다. 자기소개서를 쓰는 사람이 심사위원의 눈만 심하게 의식하면 글이 재미가 없어요. 모범답안이라고 생각하고 쓴 글은 읽어도 개성이 느껴지지 않아요. '나는 이렇게 멋진 사람이거든요?' 하고 당당하게 자신을 어필하는 사람이 돋보입니다. 기가 죽어 심사위원 눈치만 살피는 글은 눈에 잘 들어오지 않아요. 비슷비슷한 글을 너무 많이 읽어서 차별화가 되지 않거든요.

자기소개서든, 회사 업무상 서류든, 비즈니스 이메일이든 읽는 사람 눈치만 살피면 글의 알맹이가 없어집니다. 말하고자 하는 바가 분명하지 않거든요. 어떤 글이든 글을 쓸 때는 항상 쓰는 사람의 입장이 먼저 담겨야 하고, 그런 다음 수정 과정에서 읽는 이(심사위원, 직장상사)가 배려되어야 합니다. 한마디로, '초고는 나를 위해, 수정은 독자를 위해'라고 할 수 있어요.

어쩌면 그것이 인생을 사는 방법 아닐까요? 언제나 나의 즐거움이 우선입니다. 혼자서 무언가 취미를 즐길 때는 나만 생각합니다. 골방에서 혼자 취미로 즐기던 결과물을 세상에 내어놓을 때는 조금 더 살펴봅니다. 나의 즐거움이 다른 사람에게 걸리는 것은 없는지 살펴봅니다. 남의 시선에 나는 어떻게 비칠까도 생각해보고요. 그런데 처음부터 그걸 살피면 재미가 없어져요. 글이든, 인생이든 모든 것이 그렇습니다.

책 한 권을 읽는 데 하루나 이틀이 걸리지만, 글 한 편을 써서 블로그에 올리기까지는 한 달이 걸리기도 합니다. 글에 그렇게 오랜 시간을 들이느냐고, 놀랐다는 댓글이 달렸어요. 처음에는 '응? 이게 이상한 일인가?' 했는데, 다시 생각해보니 '아, 그럴 수도 있겠구나' 싶어졌어요. 그때부터 글을 쓰는 데 나는 왜 이렇게 오래 걸릴까? 하고 고민을 해봤어요.

첫째, 이게 직업이 아니기 때문입니다.

만약 제가 기자나 전업 작가로서 매일 정해진 마감이 있다면, 이렇게 오래 글을 다듬을 수 없을 겁니다. 취미 삼아 블로그에 글을 올리는 것이니 급하게 쓸 필요가 없어요. 제가 쓰는 글은, 오로지 쓰고 싶어서 쓰는 글입니다. 될 수 있는 대로 서두르지 않고 여유를 갖고 쓰려고 합니다. 메모장에는 수십 개의 아이디어가, 블로그 비공개 목록에는 여러 편의 글이 저장되어 있습니다. 짬이 날 때마다 아이디어를 글로 다듬고, 써놓은 글을 여러 번 수정합니다. 매일 아침 일어나면 그중 가장 완성도가 높은 글을 골라 마지막으로 한 번 더 퇴고하고 공개로 돌립니다. 이처럼 여러 편의 예비용 글이 있어야 매일 아침 마감이 괴롭지 않습니다. 여유가 있어야 즐길 수 있고, 즐거워야 오래가거든요.

둘째, 잘하고 싶기 때문입니다.

영어도 그렇고 연출도 그렇고 글쓰기도 그렇고, 어떤 일이든 잘하는 방법은 시간을 더 많이 투입하는 것입니다. 글을 잘 쓰고 싶은데 잘 쓰지 못할 때, 방법은 일단 써놓고 여러 번에 걸쳐 다듬는 것입니다. 그래서 저도 우선 비공개로 저장해두고 틈날 때마다 다듬습니다. 마음에 들 때까지 두고두고 고치는데 그 시간이 한 달씩 걸리기도 합니다.

셋째, 의도치 않은 상처를 주기 싫어서입니다.

하고 싶은 말을 마음껏 하다 보면 누군가에게 의도치 않은 상처를 줄 수도 있습니다. 어떤 일을 보고 분노가 치밀어 오를 때에도 글을 씁니다. 다만 그 글을 공개하는 건, 화가 가라앉은 한참 후입니다. 시간이 지나 냉정을 되찾고 다시 보면 민망해서 올릴 수 없는 글도 더

러 있고요. 괜히 누군가에게 빌미를 주어 내가 믿는 가치가 공격받을 수도 있어요. 공적인 공간에서 글쓰기를 하는 사람은 조심 또 조심해야 합니다. 그러기 위해 저는 글을 쓴 후, 그 글에 한 달이라는 시간을 들입니다.

넷째, 더 좋은 글을 고르고 싶어서입니다.

어떤 날은 하루에도 몇 개씩 글감이 떠오릅니다. 그때마다 일단 다 메모합니다. 그런 다음 여유가 있을 때 문장으로 만들고 다듬습니다. 생각으로는 재미있을 것 같았던 글감도 막상 이야기로 풀리지 않는 경우가 많아요. 아이디어는 일단 메모해두고, 계속 걸러냅니다. 이런 과정을 거치는 것은 여러 편의 비공개 글 중에서 가장 좋은 글로 올리기 위해서입니다.

퇴직 후 전업 작가가 되기로 했어요. 글을 잘 못 쓰는 사람이 작가를 하려면 무엇을 해야 할까요? 당연히 글쓰기를 꾸준히 연습해야겠지요. 그래서 글쓰기가 더욱 즐거워지는 방법을 매일같이 고민합니다. 글 한 편 쓰는 데 한 달씩 걸리는 건 어쩌면 그 고민의 결과일지 모르겠네요.

영어 공부도 그렇고 글쓰기도 그렇고, 시간을 들이지 않고 잘할 수 있는 길은 없습니다. 더 잘하고 싶다는 간절한 마음이 우선이고요. 그다음은 매일매일의 꾸준한 실천입니다. 그래서 저는 오늘도 한 달

후에 공개할 글을 씁니다. 그중에는 끝내 빛을 보지 못하고 사라지는 글도 많겠지만, 그럼에도 일단 씁니다. 글을 못 쓰는 사람이 매일 글을 올리려면 그 방법밖에 없거든요.

휴먼다큐의
주인공처럼

블로그로 자신의 삶을 들려주라고 하면 대부분의 사람들은 이렇게 이야기합니다.

"아이고, 뭐 별로 잘난 것도 없는데 어떻게 감히 내 이야기를 하나요?"

내 인생의 주인공은 누가 뭐래도 '나'입니다. 나 자신을 휴먼 다큐멘터리의 주인공으로 그려봅시다. 주인공이 되려면 어떻게 해야 할까요?

1980년대 어느 여학생이 MBC 공채에 TV PD를 지원합니다. 주위 친구들이 그러죠.

"야, MBC는 TV PD로 여자는 안 뽑아."

원서를 내고 면접에 갔더니, 면접관이 묻습니다. "결혼해도 회사에 다닐 생각인가요?"라고. 1980년대는 그런 분위기였나 봐요. 그 여학생이 이렇게 되물었답니다.

"인간은 사적인 자아와 공적인 자아를 모두 실현해야 한다고 생각합니다. 결혼이라는 사적 자아실현을 위해 왜 일이라는 공적 자아실현을 그만두어야 합니까?"

MBC 최초의 여성 공채 TV PD이자〈휴먼다큐 사랑〉을 만든 윤미현 PD의 이야기입니다. 길은 퍼스트 펭귄이 만듭니다. 물속에 천적이 있는지 없는지 몰라 다들 물가에서 머뭇거리고 있을 때, 가장 먼저 바다에 뛰어들어 생선을 잡는 그 펭귄 말입니다.

불가능한 일이란, 이제껏 사람들이 해보지 않았던 일에 불과합니다. 무리한 도전이 오히려 즐거워요. 말도 안 되는 도전을 할 때는 이유가 있겠지요. 저의 경우는 그 일을 좋아하기 때문입니다. 내가 하고 싶은 일이라면 누가 뭐라 해도 합니다. 어차피 내 인생이니까요. 다른 사람이 대신 살아주는 게 아니잖아요.

윤미현 선배가 입사한 다음 해부터 MBC는 매년 여자 PD를 뽑았습니다. 요즘엔 심지어 성비가 역전하기도 했어요. 처음 입사한 윤미현 PD가 그만큼 일을 잘했기 때문이겠지요. 퍼스트 펭귄은 일을 잘합니다. 추진력도 있고, 용기도 있고, 무엇보다 기준이 높은 사람이거든요. 남들이 정해놓은 세상의 기준은 신경 쓰지 않아요. 스스로 만족할 때까지 밀어붙입니다. 그러니 일을 잘할 수밖에 없어요.

휴먼다큐를 제작할 때 윤미현 PD만의 주인공 선정 기준이 있다고 합니다.

1. 위기의 구조가 있는가?

2. 주인공의 캐릭터가 매력적인가?

3. 적수 또는 괜찮은 반대자가 있는가?

4. 나만의 새로운 시각이 있는가?

5. 스토리가 현재 진행형인가?

어떤 책이든 내 삶에 피가 되고 살이 된다고 믿습니다. 교양 PD가 쓴 책은 드라마 PD에게도 좋은 공부가 됩니다. 드라마 대본을 선정할 때 이 다섯 가지를 떠올려보려고 합니다. 다섯 가지 질문에 대입해보면 드라마의 방향이 보입니다.

나의 이야기를 블로그에 쓸 때도 다섯 가지 질문을 던져봅니다. 내가 맞닥뜨린 위기는 무엇이고, 그에 대응하는 나의 태도는 무엇인가? 블로그를 통해 드러나는 나의 캐릭터는 과연 매력적인가? 나의 꿈을 막는 장애 요소는 무엇이고, 그것을 극복하기 위해 내가 기울이는 노력은 무엇인가? 나의 포스팅에는 나만의 시각이 있는가? 매일 업데이트되는 나의 블로그는 현재 진행형인가? 이상 다섯 가지 질문의 변주가 나를 휴먼다큐의 주인공으로 만들어줄 포인트입니다.

> 나는 주인공을 선정할 때, 내가 사랑할 수 있는 사람을 선택한다. 주인공을 사랑한다는 것은 맹목적으로 그 사람의 좋은 점만 그린다는 뜻이 아니다. 그 사람의 결점까지 이해할 수 있다는 뜻이다. 또한, 주인공과 함께 촬영을 하는 동안 즐거울 것이라는 기대감이 든다는 뜻이다. 주인공을 선정할 땐 프로그램을 위해 의무감으로 한 달 혹은 일 년을 함께 하는 것이 아니라, 그 시간을 함께 나누며 일 년을 함께할 수 있는 사람을 선정해야 한다.
>
> – 《크리에이터의 질문법》(윤미현 저 / 라온북)

내가 진정 결점까지 이해하고 평생토록 사랑할 수 있는 사람은 누구일까요? 바로 나 자신입니다. '나는 내 인생을 주제로 한 휴먼다큐의 주인공이다. 나를 아껴주고 사랑하자.' 이것이 블로거에게 마땅한 삶의 자세가 아닐까요? 블로그에서 다뤄야 할 삶의 주인공은 나입니다. 휴먼다큐의 주인공이 되기 위해 하루하루 더 열심히 즐겁게 삽니다. 멋진 삶이라 기록하는 게 아닙니다. 기록에 남기고 싶은 일상을 하루하루 즐기다 보면 멋진 삶이 되는 겁니다. 오늘도 나는 나를 응원합니다.

유희로서의
글쓰기

아침에 PC 앞에 앉아 '오늘은 무엇을 쓸까?' 잠시 고민해보곤, 그 순간 가장 쓰고 싶은 글을 씁니다. 평소 글쓰기가 어려웠다면 그간 접한 글쓰기가 시험이나 업무였기 때문일 것입니다. 누가 시켜서 하는 일은 즐겁지 않아요. 게다가 평가까지 받아야 한다면 더 부담스럽지요. 블로그는 그런 부담에서 자유로우니, 가벼운 마음으로 즐거운 글쓰기를 시작해봅시다. 쓰고 싶은 걸 쓰면 괴롭지 않아요. 어떤 일이든, 잘하고 싶다면 그 일을 즐겁게 만드는 과정이 필요합니다.

영화 〈부산행〉을 봤어요. 정말 재미있었어요. 재미난 무언가를 보면 사람들에게 그 이야기를 하고 싶어져요. 이 재미난 영화도 더 많은 사람에게 소개하고 싶어졌습니다. 무엇보다 영화를 보고 느낀 나의 생각을 다른 이들과 나누고 싶었어요. '쓰고 싶다'라는 그 마음에서 글쓰기는 시작됩니다. 〈부산행〉 리뷰를 쓰고 싶은데, 막상 쓰려고 보니 매체마다 온통 〈부산행〉 이야기더군요. 다른 사람들이 이미 한 이야기를 또 한 번 하려니 자신이 없어집니다. 다른 사람보다 더 잘 쓸 자신이 없거든요. '내가 영화를 보고 느낀 점은 이미 다른 사람들도 다 느끼고 공유했잖아.' 이렇게 주눅이 들자 글을 시작하기가 어려워졌어요. 이런 일이 한두 번인가요. 그럴 때, 저는 저만의 경험으로 이야기를 시작합니다.

나의 생각은 나만의 것이라 말하기 어렵습니다. 나의 생각은 듣거나 읽어서 나의 것이 된 거니까요. 생각을 묘사하다 보면 '가만있자, 이거 어디서 읽은 글 같은데?' 하면서 머릿속에서 자기검열의 종이 땡땡땡 울립니다. 글이 처지기 시작하고 쓰기 싫어집니다. 내가 보고 겪은 경험은 나만의 것입니다. 누가, 언제, 어디서, 왜, 어떤 일을 겪었나를 하나하나 쓰다 보면 글의 실마리가 쉽게 풀립니다. 그런 마음으로 〈부산행〉 리뷰도 써냈고, 블로그에도 올렸습니다.

영화 〈부산행〉의 흥행이 반가운 이유

예전에 〈느낌표〉라는 예능 프로그램에서 '찰칵찰칵' 코너를 연출한 적이 있습니다. 카메라에 포착된 미담의 주인공을 만나 칭찬하고 황금 메달을 전달하는 코너였어요. 하루는 부산에서 제보가 와서 MC 이경규 씨에게 물었어요.

"당일 출장으로 부산 가시는 거 어때요?"

"뭐 타고?"

"KTX요."

기겁을 하시더군요.

"난 부산행 KTX는 절대 안 타!"

예전에 이경규 씨가 예능 프로그램 출장을 가면서 KTX를 탔는데, 지나가는 중학생 하나가 "어, 이경규다!" 하더랍니다. 와서 사진 찍자고 사인해달라고 해서 해주고 보냈더니, 갑자기 앞칸에서 중학생 남자애들 수십 명이 들이닥친 거예요. 알고 보니 앞칸에 수학여행 가는 중학생 단체가 있었답니다.

"아저씨, 저도 사인이요!", "저랑은 악수해주세요!", "사진 찍어요!", "복수혈전처럼 '아비요!' 한 번 해주세요!"

이경규 씨가 말했어요. "하필 그 열차가 무정차 부산행 KTX라 중간에 도망갈 수도 없더라고!"

연상호 감독의 〈부산행〉 영화를 보다가 혼자 실실 웃었어요. 떼로 몰려드는 좀비들의 모습 위로 중학생 남자아이들의 아우성이 겹쳐지는 듯해서요. 이경규 씨에게는 그 장면이 더 무섭게 느껴질 것 같아요.

연상호 감독의 독립 애니메이션 〈돼지의 왕〉을 극장에서 보고 '2011년 최고의 영화'라고 블로그에서 찬사를 보낸 적이 있습니다. 신인 감독이 실사 장편 영화로 데뷔하려면, 먼저 제작사의 예산을 따내야 하고, 얼굴이 알려진 유명 배우도 잡아야 합니다. 그런데 연상호 감독은 독립 애니메이션이라는 선택을 통해 두 가지 난관을 쓰윽 그냥 통과하더군요. 성인을 위한 독립 애니메이션이라니, 이런 방식도 있네요.

〈부산행〉을 보면서 저는 세 번 정도, '음, 이제 엔딩이구먼' 하고 생각했습니다. 그런데 열차는 멈추지 않고 그 지점을 그냥 쓰윽 통과해 버리더군요. 세 번 모두, 블랙 페이드아웃하고 엔딩 크레딧을 흘려도 무난한 지점이었는데 말입니다. 그때 느꼈어요. '이 감독이 작정을 했구나!'

"동대구역 장면은 원래 극본에는 없었다. 영화를 찍다가 즉흥적으로 떠올린 장면이다"라는 연상호 감독의 인터뷰를 읽고 무릎을 쳤어요. "역시 그랬구나!" 현장에서 떠올린 콘티로 그렇게 엄청난 장면이 만들어지다니, 참 대단해요.

며칠 전 CNN 뉴스를 보던 아내가 저를 불렀어요. "어머, 저 사람이 아직도 방송을 하네?" 저도 가서 봤더니 1990년대 〈60Minutes〉를 진행하던 노기자가 나오더라고요. CNN을 보면 20~30년 전에 보던 사람들이 아직도 나와요. 그들이 방송 뉴스의 포맷을 만든 건 알겠는데, 그렇다고 나이 60이 넘도록 계속하면 세대교체는 언제 이뤄지나요? 최근 몇 년간 한국 영화를 보면서 이런 생각이 들었어요. 1990년대 한국 영화의 부흥기를 이끌었던 감독들이 너무 오래가는 게 아닌가. 유명 감독들의 반복되는 자기 복제로 이야기는 새롭지 않은데 자극만 더 강해지고 있어요. 때로는 부족한 내러티브를 물량공세로 채우기도 하지요. 영화 마니아로서 조금 아쉬웠습니다.

실사 장편 대작 영화는 유명감독들 그들만의 리그입니다. 그 견고한 장벽을 '좀비가 가득한 KTX 열차'로 뚫고 나가는 연상호 감독. 아, 멋지네요. 역시 유명 감독의 태작을 보는 것보다 신인 감독의 괴작을 보는 편이 훨씬 더 즐겁습니다.

젊은 세대가 보기에 세상은 '부산행' KTX 열차입니다. 나의 의지와 상관없이 달려갑니다. 목적지가 어디인지도 모르겠어요. 아슬아슬하게 계속 달립니다. 운 좋게 먼저 탄 사람들이 좋은 자리를 독차지하고 있어요. 영화 〈설국열차〉도 비슷한 주제를 다루지요. '브렉시트 사태'를 보는 영국의 젊은이들이나, 트럼프의 당선을 보는 미국의 젊은이들이 느끼는 감정도 비슷하지 않을까요? 저는 김기춘 청와대 비서실장과 고영주 방문진(방송문화진흥회) 이사장을 보면 좀비 같다는 느낌을 받습니다. 1970년대 유신 시대 군부 독재에서 공안 검사로 악명을 날리던 이들이 21세기에 되살아나 블랙리스트나 공영방송 장악 같은 패악질을 하고 있어요. 좀비 같은 사람들의 숫자가 날로 늘어나는 이곳, 박근혜 정부 치하의 대한민국이 바로 '부산행' 열차가 아닌가, 그런 생각이 들었어요.

인생을 살다 보면 '아, 여기까지인가 보다' 하고 스스로 엔딩이라 생각하는 장면이 몇 개 나와요. 그때 그냥 무심하게 눈앞의 바리케이드를 뚫고 그냥 통과해버리는, 그런 삶을 응원합니다.

여기까지가 제가 올린 〈부산행〉 리뷰입니다. 서론은 KTX 열차와 관련한 개인의 경험(더 정확하게는 이경규 씨의 경험)으로 시작했어요. 본론을 쓸 때는 자료 수집이 중요합니다. 옛날엔 기사나 칼럼을 쓰는 일이 다 자료 싸움이었어요. 수십 년간 신문 칼럼을 써온 어떤 분은 집에 책들과 자료를 빼곡히 쌓아놓고 살았지요. 사건이 터지면 예전에 일어난 비슷한 일을 찾아 관련 항목으로 이야기를 풀어갔어요. 요즘은 인터넷 검색 기능 덕에 자료를 수집하기가 참 쉬워졌습니다.

검색을 통해 관련 기사를 읽으면 머릿속에 정리되는 과정에서 나의 경험과 기존의 생각이 섞이면서 새로운 맥락이 만들어집니다. 그 새로운 맥락이 나의 글을 구성할 핵심입니다.

마지막으로 할 일은 글을 '주제'라는 하나의 자루에 쓸어 담는 것입니다. 영화를 보고 나오면서 "재미있긴 한데…. 그래서 감독이 하고자 하는 이야기가 뭐야?" 하면 허무해집니다. 영화를 볼 때는 재미가 있어야 하고, 영화관을 나올 때는 의미가 남아야 합니다. 글도 마찬가지예요. 읽고 나서 무언가 남아야 보람을 느낍니다.

저는 처음부터 주제를 의식하며 글을 쓰지는 않습니다. 그러면 글머리가 너무 무거워지거든요. 글의 탄력이 줄고 윤기가 사라져요. 처음엔 그냥 수다 떨듯이 재미난 이야기에 치중합니다. 그래야 재미있어요. 쓰는 것도, 읽는 것도 말이죠. 마무리를 앞두고선 앞에 쓴 글을 죽 한번 다시 봅니다. 글이 어떻게 흘러왔는지 보입니다. '아, 내가 이 글을 통해 하고 싶은 이야기는 저것이군' 하고 느껴지는 것이 눈에 띕니다.

눈에 띄지 않을 때도 있어요. 그때는 잠시 고민을 해야 합니다. '나는 이 글을 왜 쓰는가?' 하고요. 주제를 잡았다면, 이제는 주제에 맞춰 글의 흐름을 정리합니다. 주제와 관계없이 곁가지로 샌 부분은 과감히 덜어냅니다. 재미없는 부분을 먼저 뺍니다. 재미가 있다면 의미가 없어도 살려야 할 때가 있어요. 그런 다음엔 글을 한 방향으로 쭉 몰고 갑니다. 그래야 마지막에 주제가 나왔을 때 힘이 더 커집니다.

블로그 글쓰기가 쉬워지는 세 가지 요령이 있어요. 이들 하나하나를 모아보세요. 어떤 일에 대한 과거의 경험이 하나, 그 일에 대해 검색이나 독서로 알아낸 정보가 하나, 그 일이 내게 던져준 주제가 하나입니다. 다시 말해 하나의 에피소드(이경규의 부산행 KTX), 하나의 정보(감독의 제작 인터뷰), 하나의 메시지(연상호 감독처럼 돌파하라) 이렇게 세 가지 요소만 모이면 글이 만들어집니다.

이것이 제가 글을 쓰는 방식입니다. 세상에는 다양한 삶이 있고 다양한 글이 있습니다. 저는 저의 욕망에 들어맞는 글을 씁니다. 학문적 글쓰기도 업무용 글쓰기도 아닌, 오로지 유희로서의 글쓰기지요. 여러분은 어떤 글을 쓸 때 즐거운가요? 그것을 찾아가는 게 진짜 글쓰기 공부가 아닐까 싶습니다.

글쓰기 공부,
독서 리뷰 2

어린 시절 만화책부터 시작해서 소설, 경제학, 인문학 등 다양한 분야의 책을 읽어왔는데요. 언제부턴가 소설이나 자기계발서만 즐겨 읽다 보니 책을 편식한다는 느낌이 들었어요. 그래서 요즘은 과학책 읽기에 도전하고 있습니다. 생명과 우주의 신비에 대해 좀 더 배우고 싶어요. 과학책을 그냥 읽으면 건성건성 넘어갈까봐 리뷰를 〈뉴스타파〉에 연재했습니다. 이제 설렁설렁 읽기보다 꼼꼼히 읽게 됐고, 어려운 과학책을 재미나게 소개해야 한다는 책임감에 더 열심히 읽게 됐습니다. 그때 쓴 글 한 편을 소개합니다.

《삼엽충: 고생대 3억 년을 누빈 진화의 산증인》

친애하는 삼엽충에게

초면이지만 먼저 사과부터 하고 싶다. 너희가 미개한 멸종동물이라는 뜻에서 우린 가끔 친구에게 "이런 삼엽충 같은 인간아" 하고 놀리곤 했거든. 애플의 아이폰을 애호하는 '앱둥이'들이 삼성의 갤럭시

빠를 보고 '삼엽충'이라고 부른 것도 비슷한 맥락이야. 하지만 최근 너를 주인공으로 한 책《삼엽충: 고생대 3억 년을 누빈 진화의 산증인》이란 책을 읽고 나서 우리의 그런 언어 습관을 반성하게 됐단다.

고대의 바다 밑을 기어 다닌 벌레라고 생각했는데, 알고 보니 너는 역사상 최초로 눈을 가진 생물이었더구나. 식물들이 처음으로 육지를 향해 소풍을 나서기도 전에, 그로부터 1억 5,000만 년 전에 시각이라는 위업을 달성했다니 정말 놀라울 뿐이다. 그 어두운 바다 아래에서 빛을 찾겠다는 숭고한 너의 노력 덕분에 방해석으로 된 투명한 하나의 결정 눈에서부터 수천 개의 겹눈이 모여 전방위를 볼 수 있는 눈까지 엄청난 진화가 이뤄졌지. 삼엽충이 가져온 '눈의 탄생'이 동물 진화의 빅뱅이라 불리는 캄브리아기 대폭발을 촉발했다고 말하는 이도 있어.

우리에게도 너희에게 물려받은 눈이 있단다. 어쩌면 수억 년에 걸친 진화가 남긴 가장 위대한 선물일지도 몰라. 우리는 눈으로 무언가를 보는 것을 정말 좋아해. 심지어 눈으로 볼 수 있는 시각 정보를 극대화하기 위해 '사회적 눈'이라 할 수 있는 영상 미디어까지 발달시켰지. 앉은 자리에서 수백 개의 채널을 통해 세상 곳곳에서 일어나는 일을 모두 볼 수 있어.

우리가 가진 미디어 환경을 진보의 놀라운 산물이라고 주장하기엔 조금 부끄럽구나. 종편이라는 미디어가 있는데 그 뉴스를 보노라면 이것이 과연 언론의 진보가 가져온 신세계인가, 자극적인 언사로 분노와 증오를 퍼뜨리는 생지옥인가 헷갈리기도 하거든. 요즘의 언론 환경을 생각하면 많이 우울하단다. 과연 우리의 미디어 환경은 진화하고 있는 걸까?

진화생물학자들도 비슷한 고민을 했던 것 같다. 진화란 분명 개선의 방향으로 진행됐을 것 같은데, 때로는 반대의 증거도 왕왕 나타나거든. 아름답고 복잡한 눈을 쓸 수 있었음에도, 눈 없이도 아주 잘 살아간 삼엽충들이 후대에 나타난 거지. 조상 종은 커다란 눈을 갖고 있었는데, 그 후손 종들은 눈이 차례로 작아지다가 결국에는 사라져버리기도 해. 이 대목에서 갑자기 불현듯 두려워진다. 내가 목격하고 있는 언론 저널리즘의 퇴행은 어쩌면 미디어의 몰락 또는 멸망에 대한 전조일까?

삼엽충은 가슴마디가 4개에서 그 수가 점점 늘어나는 방향으로 진화를 거듭하는데, 때로는 단기적으로 역행하는 사례도 있단다. 진화란 마치 술 취한 주정뱅이의 비틀거리는 걸음 같아서 일직선으로 나아가기만 하는 것이 아니라 때로는 생겼던 눈이 사라지기도 하고, 가슴마디가 줄어들기도 하며 뒷걸음치기도 했던 거지. 술에 취해 비틀거리면서도 종내에는 집을 찾아가듯이, 역사라는 긴 시간의 잣대를 두고 보면 세상이 진보하는 것만은 분명해.

며칠 전 시계 배터리를 갈려고 시계방에 들렀는데, 주인이 종편 뉴스를 보고 있더라. 그 격앙된 앵커 멘트를 듣고 있노라니, 금세 북한의 김정은이 핵미사일을 발사하고 노조가 쇠파이프를 들고 일어나 나라가 망할 것 같더군. 그런 TV 뉴스를 보면 참 우울하지만 그래도 난 미디어의 미래를 낙관하는 편이야. 지난 몇 년 사이 소셜미디어나 인터넷 기반 언론 등 대안 미디어들이 쏟아져 나왔는데, 생물 종의 생존 가능성이 다양성에서 나오듯이 미디어의 미래 역시 다양성에서 확보되리라 믿어.

리처드 포티는 책 제목에 느낌표까지 붙여가며(원제가 'Trilobite!'임) 너희를 칭송하고 있단다. 언뜻 징그럽게 보일 수도 있는 삼엽충들이 실상 경이롭고 사랑스러우며 대단히 많은 교훈을 전한다고 말이야. 왜 삼엽충을 연구하느냐고 묻는 이들에게 저자는 이렇게 대답했어.

> 오래전에 사라져서 아무도 자세히 모를 그런 생물집단을 평생 연구하는 것이 어떻게 가능한지 궁금해할 사람에게 내놓을 확실한 답이 하나

있다. 삼엽충은 무려 3억 년 동안, 거의 고생대 내내 존속했다. 늦깎이로 등장한 우리가 어떻게 감히 그들에게 '원시적'이나 '성공하지 못한'이라는 꼬리표를 붙일 수 있단 말인가? 인류가 산 기간은 그들이 산 기간의 0.5퍼센트에 불과한데.

― 《삼엽충》(리처드 포티 저 / 이한음 역 / 뿌리와이파리)

나도 너희에게 배우고 싶은 것이 있어. 시간을 견디는 법. 지난 몇 년 공중파 방송사에서 기자나 PD들의 삶이 아주 힘들었단다. 하지만 겨우 10년 버티고 힘들다고 투정할 수 있나. 끝나지 않을 것 같던 일제 식민 통치 시절에도 독립투사는 있었고, 암울하기만 했던 군부 정권 시절에도 노조를 만들고 민주 언론의 기틀을 마련해온 선배들이 계시는데. 힘들다고 엄살 부리고 싶을 때마다 나는 책을 들어 삼엽충의 화석 사진을 본단다. 고생대의 바닷속에서 너희가 버텨온 3억 년의 시간, 그리고 다시 화석이 되기까지 견뎌온 지층의 압박을 생각하며 각오를 다진단다. 견뎌야 한다, 삼엽충처럼!

끝으로 이 자리를 빌려 너희에게 해직 언론인들이 만든 대안 미디어 〈뉴스타파〉를 소개할까 해. 죽어서도 화석이 되어 진화의 산증인으로 남은 삼엽충처럼, 해고될지언정 자유 언론의 기치만은 버리지 않은 멋진 선배님들이 계시거든. 종편처럼 사주가 있는 것도 아니고 국

영방송처럼 정부의 영향을 받는 것도 아니야. 오롯이 시민들의 후원으로 꾸려가는 독립 언론이지. 먼 훗날 이 시대의 미디어를 연구하는 학자들은 조중동이 쏟아낸 신문 기사나 방송 뉴스에 절망하다가도 〈뉴스타파〉를 만나 이렇게 외칠 거야. "여기 찾았다. 21세기 한국 언론이 진화하고 있었다는 새로운 증거!"

네, 여기까지 〈삼엽충〉 리뷰입니다. 과학책 소개가 쉽지는 않더군요. 어려운 내용을 쉽게 풀려면 형식이라도 쉬워야 합니다. 그래서 편지글 형식으로 리뷰를 썼습니다. 삼엽충에게 편지로 말을 걸어보니 글이 쉽게 풀리기 시작했어요. 마지막엔 제가 겪은 MBC 이야기를 곁들이며 〈뉴스타파〉를 소개했어요. 〈뉴스타파〉라는 매체를 더 많은 사람에게 알린다는 소명이 생기니 머리를 쥐어뜯으며 읽고 쓴 글에 의미가 더해진 거지요.

나의 경험담, 책에서 찾은 글귀, 앞으로 나의 각오. 이 셋이 모이면 나만의 리뷰를 쓸 수 있어요. 책을 읽는 것은 사적인 즐거움이지만, 글을 쓰는 것은 공적인 행위입니다. 책에서 얻은 교훈을 내 삶에 적용하고, 또 세상을 향해 발언할 때는 글로써 세상을 조금이나마 바꿀 수 있기를 감히 희망합니다. 여러분도 책 읽기와 글쓰기, 사적인 욕망과 공적인 의무 사이를 끊임없이 오가며 성장하는 즐거움을 맛보시길 희망합니다.

6장

쓰는 인생이
남는 인생

20대에 새로운 일에 도전할 수 있었던 건 영어 실력 덕분이었습니다. 망하더라도 번역 일로 먹고살 수 있었으니까요. 지금 나에게 용기를 안겨주는 건 블로그입니다. 회사 잘리면 블로그로 먹고살 자신이 있거든요. 은퇴하지 않고 평생 현업으로 사는 게 꿈인데, 블로그 덕에 그 꿈을 이뤄가고 있습니다. 아침에 일어나 회사 출근하기 전 한두 시간, 블로그에 글을 씁니다. 그 덕에 요즘은 MBC PD로 받는 월급보다 인세와 고료로 받는 '제2의 월급'이 더 많아졌어요.

20대는 영어 덕,
40대는 블로그 덕

주조정실에서 송출 업무를 담당하던 저는 뉴스를 보는 게 너무나 큰 스트레스였어요. MBC 뉴스, 지난 몇 년간 망가질 대로 망가졌잖아요. 그게 다 근본적으로는 사장님 탓으로 보였죠. 머릿속에 담고 있는 생각은 은연중 밖으로 나올 수밖에 없는 듯합니다. 어느 날 화장실 다녀오던 길에 "아, 사장님 좀 나가시면 좋겠다!" 하고 말했다가 하마터면 잘릴 뻔했어요. 혼잣말이었는데 소리가 좀 컸나 봐요. 갑자기 대기발령이 나고 인사위가 열려 징계 논의까지 됐어요.

아, 망했네요. 심지어 신문에 기사까지 났지 뭡니까. 김민식 PD 해고 위기라고. 주위에서 회사 잘리면 어떡하느냐고 걱정해주시는 분들이 많았는데요. 괜찮아요, 저는 '이직의 달인'이니까요. 그게 뭐냐고요? 공대를 나와 영업사원을 하다 통역사가 되고, 다시 예능 PD에 드라마 PD, 지금은 작가까지 겸하고 있는 저를 보고 사람들이 그렇게 부르더군요. 사람마다 다른 의미를 담겠지만 '달인'이라고 불리는 거, 썩 괜찮지 않은가요?

직업을 쉽게 옮겨 다니는 비결이 뭐냐는 질문을 받으면, 하는 일마다 망했기 때문이라고 답합니다. 고등학교 시절 내내 성적이 반에서 중간이었습니다. 내신 10등급 중 5등급이었어요. 3학년 1학기 중반에 모의고사를 봤는데 반에서 22등, 여전히 중간이었어요. 6개월 동안 미친 듯이 공부해서 학력고사 성적으로는 반에서 2등을 했습니다. 친구들한테 커닝했냐는 얘기 많이 들었어요.

학력고사 점수가 284점으로, 한양대 공대에 4년 장학생으로 입학했어요. 1지망이 산업공학과였는데, 낮은 내신 성적에 발목이 잡혀 그만 떨어졌습니다. 재수해도 내신을 올릴 길은 없으니 2지망으로 합격한 자원공학과에 입학했습니다. 자원공학과가 뭐 하는 곳인지도 잘 몰랐어요. 수강신청 할 때 보니 석탄채굴학, 석유시추공학, 암석역학 같은 걸 배우더군요. 원래는 광산학과였대요. 가뜩이나 얼굴 까맣다고 놀림받는데, 탄광 가서 일하면 더 까매질 것 같았어요. 아, 망했네요.

생각해보면, 대학 입시 실패가 제 인생 첫 번째 행운이었습니다. 만약 바라던 대로 산업공학과에 들어갔다면, 학과 공부 열심히 하고 공장장의 꿈을 키우며 엔지니어로 무난하게 살았겠지요. 그런데 그 관문에서 막히면서 전공과 적성 사이에서 늘 고민했고, 그 덕에 다양한 직업에 도전할 수 있었어요.

대학 다닐 때는 학점이 바닥을 기었어요. 학부생 72명 중 70등이었는데요, 다행히 꼴찌는 면했습니다. 과에 수배 중인 운동권 두 명이 있었는데 그 친구들은 시험을 아예 못 봤거든요. 전공은 망했으니 영어라도 잘해야겠다 싶었어요. 만화《미생》에 나오는 종합상사 있지 않습니까? 그런 곳에 취업하는 게 꿈이었어요. 대학 졸업반이던 1992년 가을, 무역회사 일곱 군데에 원서를 냈는데 1차 서류전형에서 모두 탈락했어요. 가장 가고 싶은 회사는 삼성물산이었는데 지원 서류도 안 받아주더군요. 당시는 취업이 그렇게 어렵지도 않았는데 말이지요. 무역 관련학과 전공자나 어학 특기자를 뽑는데, 공대생은 아무리 독학으로 영어 실력을 쌓았다 해도 인정해주지 않는 듯해요. 할 수 없이 외국계 회사 영업사원으로 취업했습니다. 오대양 육대주를 누비며 '메이드 인 코리아'를 외치는 자랑찬 수출 역군이 되겠다고 다짐했죠. 하지만 현실은, 치과 병원을 돌며 의사들을 상대로 외판 영업을 뛰는 세일즈맨이었어요. 또, 망했네요.

생각해보면 종합상사 입사 실패가 제 인생 두 번째 행운이었습니다. 꿈꾸던 무역회사에 들어갔다면 해외 지사장이 될 날을 생각하며 앞만 보고 달렸겠지요. 그런데 영업사원이 되어 사람에 치이고 시간과 실적에 쫓기다 보니, 직장생활이 무엇인가를 곰곰 생각해보게 됐어요. 어느 날 외근을 다녀와 사무실에서 보고서를 쓰고 있었는데요. 문득 고개를 들어보니 내 남은 인생이 그 작은 사무실 안에서 다 그려지더라고요.

'5년 후 대리 승진하면 저 책상으로 가고, 10년 후 부장이 되면 저 창가 자리로 가고, 다시 10년 후 부서장이 되면 저 안쪽 사무실로 가겠구나. 그사이에 안 잘리면 다행이고.'

나이 스물일곱에 인생이 이미 결정 났다고 생각하니 갑자기 머릿속이 하얘졌어요. 진짜 안개가 낀 것 같더라고요. 이래선 안 되겠다 싶어 퇴근 후 입시학원에 다녔습니다. 통역대학원에 진학하려고요. 진로를 고민하다가 가장 하고 싶은 게 뭘까를 찾았는데, 역시나 영어더라고요. 그래서 통역사가 되어야겠다고 마음먹었어요.

외대 통역대학원에 입학한 후에는 직장도 그만두고 좋아하는 영어에 푹 빠져 지냈습니다. 소설도 번역하고 국제회의 통역도 뛰면서, 나이 들면 학원 하나 차려서 영어 가르치며 살아야겠다고 생각했어요. 그러던 중 TV에서 MBC 신입사원 채용 공고를 봤습니다. '21세기 영상 미디어 시대를 선도할 인재를 찾습니다.' 갑자기 가슴이 두근거리더군요. 방송사 PD라면 예쁜 연예인들을 많이 볼 수 있겠네? 바로 지원했습니다.

MBC 예능국에 입사해 〈뉴 논스톱〉으로 연출 데뷔를 했습니다.

〈뉴 논스톱〉, 〈논스톱3〉를 연속으로 히트시키면서 자신감이 하늘을 찔렀지요. 그런데 〈조선에서 왔소이다〉라는 시트콤을 만들었다가 폭삭 망했어요. PD가 저질러서는 안 될 3거지악, 즉 시청률 저조, 광고 판매 부진, 제작비 초과라는 3대 그랜드 슬램을 달성하고 방송 4회 만에 종영 결정이 떨어졌어요. 제대로 망했지요.

시트콤 조기 종영은 세 번째 찾아온 행운이었습니다. 또 다른 길을 두리번거리게 해줬거든요. 치욕의 세월을 견디고 있는데, 회사 게시판에 드라마국 사내공모 공지가 떴어요. 갑자기 가슴이 두근대더군요. '그래, 시트콤은 망했지만 드라마라면 잘될 수도 있겠지!' 이직 신청을 했더니 주위에서 말렸어요. "다 늦은 나이에 드라마국 갔다가 망하면 어떡할래?" 괜찮아요. 망하는 데는 제가 전문이니까요. 드라마 PD로 옮긴 후 망하기도 하고 잘되기도 하면서 몇 년째 버텨오고 있어요.

지금은 주로 글을 쓰면서 지냅니다. 글 쓰는 게 재미있고 강연을 다니는 게 즐거워 작가와 강사를 겸업하고 있어요. '이직의 달인'이라는 소리를 듣고 후배들이 가끔 찾아옵니다. "지금 업무가 적성에 맞지 않아요. 어떻게 하면 좋을까요?" 그러면 나는 되묻습니다. "지금 이 순간, 너에게 가슴 뛰는 일은 무엇이니?" MBC 입사 공고를 봤을 때나 드라마 PD 사내공모가 떴을 때, 항상 설레었어요. 제 나이 이제 50인데요, 살아보니 가슴 뛰는 일을 만날 기회가 흔치 않더라고요. 가슴 설레는 일을 만났다면 무조건 도전하고 볼 일입니다.

20대에 새로운 일에 도전할 수 있었던 건 영어 실력 덕분이었습니다. 망하더라도 번역 일로 먹고살 수 있었으니까요. 지금 나에게 용기를 안겨주는 건 블로그입니다. 회사 잘리면 블로그로 먹고살 자신이 있거든요. 은퇴하지 않고 평생 현업으로 사는 게 꿈인데, 블로그 덕에 그 꿈을 이뤄가고 있습니다. 아침에 일어나 회사 출근하기 전 한두 시간, 블로그에 글을 씁니다. 그 덕에 요즘은 MBC PD로 받는 월급보다 인세와 고료로 받는 '제2의 월급'이 더 많아졌어요.

블로그는 커리어를 개발하는 데 최고의 도구입니다. 검색의 시대, 새로운 기회는 인터넷을 타고 찾아오거든요. 블로그는 이제 개인 브랜드 마케팅을 위한 온라인 방송국이자, 직무개발연구소입니다. 오래도록 일하기 위해서는 먼저 공부를 해야 하고, 공부는 놀듯이 하는 게 최고니까요.

지금 내가 가장
하고 싶은 이야기

공대생이었던 제가 딴따라의 삶을 꿈꾸게 된 계기가 있어요. 바로 1992년 대학 4학년 때 유럽으로 떠난 배낭여행입니다.

유럽의 관광명소는 가는 곳마다 거리의 악사로 넘쳐났어요. 런던 피카딜리 서커스의 기타 치는 남자, 프라하 카를교의 바이올리니스트, 파리 퐁피두 센터 앞의 마임 연기자. 예술가라면 TV에 나오는 사람이 다인 줄 알았는데, 세상에 아마추어 예술가가 그렇게 많은 거예요. 한국에서는 보지 못한 신인류였지요. 직업은 먹고살기 위해 선택하는 것이라고 믿었는데 자기가 좋아하는 일을 하며 하루하루 사는 사람도 많더군요. 스위스 인터라켄으로 가는 기차 안에서 페루 인디오를 만났어요. 고향을 떠나 와 타국을 떠돌며 기차역 광장에서 팬플

루트를 연주하고, 발아래 놓아둔 CD를 팔아 하루하루 살아가는 인생. 제겐 문화적 충격이었어요. 떠돌아다니는 삶이 힘들지 않냐고 물었더니, 그가 되묻더군요.

"너는 어때? 여행이 재미있니?"

"완전 재미있지!"

"나도 이렇게 사는 게 재미있어. 가고 싶은 곳에 가서, 보고 싶은 것을 보고, 그 순간 내가 가장 부르고 싶은 곡을 연주하는 거야."

"정말 멋지다! 나도 너처럼 살 수 있으면 얼마나 좋을까?"

"원한다면 너도 그렇게 살아도 돼."

그날 이후, 저는 새로운 방식의 삶을 꿈꾸게 됐습니다. 그 순간 가장 하고 싶은 일에 최선을 다하며 사는 삶, 다른 이의 시선보다는 자신의 욕망에 충실한 삶, 바로 딴따라의 삶을요. 우선 저는 뼛속까지 짠돌이입니다. 돈을 많이 벌지 않아도 좋으니 재미있는 일을 하며 살자고 마음먹었어요. 어릴 적부터 저는 이야기를 좋아했어요. 책도 좋아하고 영화도 좋아했지만, 감히 소설가나 시나리오 작가를 꿈꾸진 못했어요. 다만 어디서나 이야기꾼으로 살고 싶었어요. 첫 직장에서 치과 영업을 뛸 때도 이야기를 개발했어요. 제품의 특성을 그냥 설명만 하면 재미가 없잖아요. 그래서 개발 상황이나 탄생 비화에 얽힌 이야기를 만들고, 다른 치과 의사 선생님의 사용 후기를 에피소드 형식으로 각색해서 들려드린 거예요.

"레진 치료를 받은 환자가 있는데요. 울릉도 놀러 갔는데 누가 호박엿을 주더래요, 한번 맛만 보라고. 아, 동창회 모임인데 하필 옛날에 짝사랑하던 동창생 앞에서 앞니가 홀랑 빠져버린 겁니다. 레진은 재료도 재료지만 사실 접착제가 중요하거든요. 그런 점에서 이번에 새로 나온 이 제품은…"

나름대로 열심히 재미난 이야기를 만들어 판촉 활동을 했지만, 영업사원의 이야기를 재미나게 들어주는 의사 선생님은 별로 없더군요. 그래서 통역사로 직업을 바꿨습니다. 이야기를 만드는 재능은 없어도, 다른 사람의 이야기를 옮기는 건 잘할 수 있지 않을까 싶어서요. 그런데 통역할 때도 버릇처럼 연사의 이야기를 재미나게 각색하곤 해서 지적을 많이 받았어요. 그건 번역이 아니라 반역이라고요. 강연을 통역할 때마다 고민했어요. '아, 저 이야기는 조금만 각색하면 훨씬 더 재미날 텐데….'

그처럼 우여곡절을 겪고 나서 마침내 깨달았어요. '나는 남의 이야기를 옮기는 것보다 나의 이야기를 해야 하는 사람이구나.' 그래서 코미디 PD로 직업을 바꿨죠. 그런데 회사 다녀보니까 PD라고 자신의 이야기를 마음껏 하는 건 아니더라고요. 월급을 받고, 회삿돈으로 프로그램을 만들다 보니 성공시켜야 한다는 부담감이 클 수밖에 없거든요. 당연히 내가 좋아하는 것보다는 시청자들이 좋아하는 것을 더 신경 쓰게 돼요.

그런 점에서 진정한 딴따라는 블로그 작가입니다. 거리의 악사가 아침마다 붐비는 길거리로 나가듯 블로그 작가는 사람들이 다니는 인터넷 길목으로 나갑니다. 그러고는 내가 가장 하고 싶은 이야기를 사람들에게 들려줍니다. 책이든 영화든 여행이든, 그날 아침 나를 가장 설레게 하는 이야기를 해요. 길거리 즉석 공연이라 서툴 때도 많지요. 나중에 다시 보면 부끄러워지기도 하고요. 악사가 매일 거리에서 연습한 공연을 녹음해서 음반으로 내놓는 것처럼, 저도 1년에 한번씩 베스트 레퍼토리를 모아 책으로 내놓습니다. 거리의 악사 발밑에 놓인 CD는 이렇게 말을 건넵니다.

"제가 들려드리는 노래가 즐거우신가요? 그렇다면 이 CD를 한번 사서 들어보세요. 첨단 시설을 갖춘 스튜디오에서 최고의 세션들과 함께 정성을 다해 녹음한, 엄선된 곡들이 들어 있습니다."

블로그의 글을 책으로 엮을 때 저의 마음이 꼭 이렇습니다. 돈을 내고 책을 사주시는 독자분들을 위해 가장 재미나고 유익한 글만 모아 다듬고 고쳐 씁니다. 고교 진로 특강에 가면 PD나 기자 지망생들을 향해 이렇게 이야기합니다.

"여러분, 직업은 꿈이 아니에요. 의사가 되고, 변호사가 되고, PD가 되는 건 꿈이 아니에요. 그 직업을 통해 무엇을 하느냐가 진짜 꿈이에요. 의사가 되어 아픈 사람을 도와주고, 변호사가 되어 정의를 실천하고, PD가 되어 재미난 이야기를 만드는 것, 그게 진짜 꿈이지요. 의사가 아니라도 아픈 사람을 도울 방법은 얼마든지 있어요. 변호사만 사회 정의를 실천하는 것도 아니고요. 마찬가지로, PD가 아니라도 얼마든지 이야기를 만들고 나눌 수 있어요. 블로그도 있고 팟캐스트도 있고 유튜브도 있어요. 개인이 미디어를 만들기가 이렇게 좋은 세상이니, 부디 방송사 PD나 기자라는 직함에 너무 얽매이지 않았으면 좋겠어요."

나에게 쓰는
팬레터

〈신비한 TV 서프라이즈〉에 존 돌런이라는 노숙자의 사연이 소개됐어요.

> 〈내 인생을 바꾼 개〉
>
> 2013년 영국, 한 화가의 그림 전시회가 열린다. 전시회는 많은 사람의 관심을 받으며 성황리에 진행됐는데…, 뜻밖에도 그림은 모두 한 마리의 개를 그린 것이었다! 한 마리의 개를 만나 인생이 바뀐 남자, 그는 누구?

사연의 주인공, 존 돌런은 형제자매가 많은 집에서 누나랑 터울이

큰 늦둥이 막내로 자랍니다. 열 살이 되던 해, 그는 아버지로부터 충격적인 이야기를 듣습니다.

"실은 난 네 아빠가 아니야. 네 할아버지란다. 네 누나가 너의 엄마지. 네 아빠? 아마 한두 번 본 적이 있을 거야. 누나 옛날 남자 친구, 개가 네 아빠야."

어린 나이에 존은 갑자기 세상이 흔들리는 걸 느낍니다. 무엇을 믿어야 할지 알 수 없게 된 거예요. 결국 정서불안에 소아비만이 되고, 학교에서는 왕따를 당합니다. 마음 붙일 곳 없던 10대 시절, 마약 중독과 범죄 행각에 빠져 소년원을 들락거립니다. 20대에는 도둑질을 하다 다쳐서 병원 신세까지 집니다. 결국 집에서도 쫓겨나지요. 아버지, 아니 할아버지가 그럽니다.

"넌 어차피 우리 가족 누구도 원하지 않았던 아이야."

그는 노숙자가 되어 거리의 마약 중독자로 살아갑니다. 그러던 어느 날 버려진 강아지 한 마리를 만나요. 집 없는 그가 이제 집 없는 강아지를 키웁니다. 아무도 원하지 않았던 아이가 아무도 원하지 않았던 개를 만나 함께 살아가는 겁니다. 런던 거리에서 흔히 볼 수 있는 풍경이지요. 개 앞에 깡통을 두면, 거지보다 개가 불쌍해서 동전을 던져준답니다. 개는 사람을 차별하지 않아요. 주인한테 돈이 많다고 좋아하고 돈이 없다고 무시하지 않아요. 개의 눈에는 모든 사람이 평등하며, 그중 주인이 가장 존경스럽고 사랑스러운 대상이거든요. 강아지 조지는 노숙자인 존에게 무한한 애정을 보여주었고, 존 역시 어느덧 조지를 가슴 깊이 사랑하게 됩니다.

존은 매일 거리에서 조지의 그림을 그립니다. 매일매일 그림을 그리자 솜씨가 나날이 발전합니다. 행인들이 그림을 사기도 하는데요. 어느 날 그를 오랜 기간 지켜보던 한 신사가 그림을 모아 전시회를 열자고 합니다. 알고 보니 그 신사는 영국 유명 갤러리의 큐레이터였어요. 이제 노숙자 존은 유명한 화가가 되어 세계 각국을 돌며 전시회를 열고, 자신의 경험을 강연으로 나눈답니다. 정말 '서프라이즈'한 이야기지요?

오케스트라 지휘자로 일하시는 구자범 선생님이 이런 말씀을 하신 적이 있어요. 음대 입시 면접을 가면 아이들이 항상 긴장한 표정으로 악기를 연주한답니다. 선생님은 긴장을 풀어주려고 이런 주문을 하신대요.

"네가 가장 좋아하는 팝송이나 가요로 한 곡 연주해줄래?"

그럼 아이들이 더 긴장한답니다. '차라리 어려운 곡을 시키지….' 입시 준비를 위해 어려운 곡만 연습하느라 팝송을 틀고 놀아본 적이 없는 거지요. 예체능 활동도 대학 진학의 수단이 되고 직업의 일부가 되면서 재미가 사라지고 있습니다.

사람은 거리의 악사처럼 온전히 자신만의 즐거움을 위해 무언가를 할 때 창의성을 기를 수 있습니다. 거리의 악사가 지나다니는 사람들의 반응을 일일이 신경 쓴다면 연주하기 힘들 거예요. 바쁘게 전화 통화를 하며 지나가는 사람을 보면 주눅만 들겠지요. '다들 바쁜 출퇴근 시간에 괜한 소음을 일으킨다고 생각하지 않을까?' 하고요. 존 돌런은 그림을 팔거나 전시회를 여는 건 꿈도 꾸지 않았어요. 그냥 조지의 사랑스러운 모습을 남기고 싶은 마음에 매일 그림을 그렸습니다.

조지 같은 강아지를 만나는 것도 행운이지요. 누군가 나를 조건 없이 사랑하고 숭배해준다면, 그는 나의 넘버 원 팬이자 지지자가 될 테니까요.

"전 당신의 팬이에요!"

모두가 듣고 싶어 하는 말이죠. 누군가 매일 이렇게 말해준다면 얼마나 좋을까요? 제 꿈은 제가 모시고 사는 아내가 이런 말을 해주는 겁니다. 하지만 현실에서 아내는 제 안티팬 1호입니다. 얼마 전 아내가 대학 친구들 송년회 모임에 갔는데, 그 자리에서 누가 제 칭찬을 하더랍니다. 제 책을 읽었는데 참 유쾌하고 재미난 사람 같다고. 아내께서 한마디 하셨다네요.

"하루만 데리고 살아봐. 홀라당 깰 거야."

영화 〈공범자들〉에서 '김장겸은 물러나라' 1인 시위를 하는 장면을 보고 "응원한다고 전해주세요!"라고 하는 후배도 있답니다. 아내는 이렇게 대꾸해줬다는군요.

"응, 남의 남편이니까 응원할 수 있지. 내 남편이 회사에서 그러고 다닌다고 생각해봐. 미친다니까?"

칭찬이 참 박하기도 하지요. 매일 아침 페이스북에 새 글을 올리는데 '좋아요'를 눌러주는 일도 거의 없습니다. 가끔 자신 있게 쓴 글은 카톡으로 보내주고 의견을 물을 때도 있어요. 누구보다 아내에게 인정받고 싶거든요. 그때마다 꼭 후회합니다. '괜히 물어봤어, 괜히 물어봤어.'

"아임 유어 넘버 원 팬!"

이 얘기를 듣는 게 모든 창작자의 꿈인데 말이지요. 아내의 그런 반응에도 저는 기죽지 않아요. 제게는 최고의 팬이 한 사람 있거든요. 바로 제 자신입니다. 전 제가 쓰는 것, 제가 만드는 것, 제가 말하는 것을 진심으로 좋아합니다. 제 책을 읽다 스스로 머리를 막 쓰다 듬어주고, 제가 한 강연 영상을 보고 혼자 또 막 기특해해요. '우쭈쭈쭈, 우리 민식이 말도 참 잘하네.' 막 이렇게.

방금 "미친 거 아냐?" 하고 버럭 소리칠 뻔했다고요? 유치하다는 건 저도 잘 압니다. 하지만 남들이 보기에 어설퍼도 전 스스로에게 계속 '재밌어! 재밌어! 계속해봐!'라고 팬질을 합니다. 어쩌다 잘 썼다 싶은 날은 점심에 특별히 맛있는 걸 먹으러 가기도 해요. '글 쓰느라 힘들었지? 오늘은 특별히 비싼 거 한번 먹자!' 아이디어가 떠오르지 않으면 혼자 영화를 보러 가요. '오늘 하루는 아이디어 뱅크를 충전하자!' 이처럼 다양한 방법으로 제가 절대 기죽지 않도록 배려하고 있어요. 모든 창작자에게 필요한 넘버 원 팬은 바로 자기 자신이니까요.

어릴 적 왕따를 당했을 때, 자존감이 무너지는 걸 경험했어요. 아이들이 나를 놀리는 건 내가 워낙 못난 놈이라 그렇다는 생각이 들었어요. 그렇게 주눅 들수록 아이들은 더 놀렸어요. 그러다 문득, '확 죽어버릴까?' 하는 진짜 못난 생각도 했지요. 그런데 생각해보니 내가 스스로 세상과 인연을 끊어버리면 나를 사랑하는 사람들에겐 상처가 될 것이고, 나를 놀리던 아이들은 반성은커녕 '역시 저 녀석은 참 찌질해' 하고 비웃을 것 같았어요. 결국 나만 손해인 거예요. 다음부터는 남의 눈에 내가 어떻게 비치는가보다, 내가 하고 싶은 일이 있는데 그것을 하느냐 못 하느냐를 생각하기로 했습니다. 세상일이 그렇더군요. 다른 사람 마음은 내 뜻대로 안 됩니다. 그러니 내가 나를 아끼는 것부터 시작했어요.

"괜찮아!"

"나쁘지 않아!"

"일단 한번 해봐!"

"좀 쪽팔리면 어때?"

이렇게 스스로를 다독이며 계속 앞으로 나아갑니다. 매일 쓰는 블로그는 나 자신을 향한 팬레터예요.

"넌 이런 재미난 취미를 가진 놀라운 사람이야."

"넌 이렇게 맛있는 음식을 멋들어지게 표현할 줄 아는 사람이야."

"넌 주위에 좋은 사람이 많은 멋진 친구야."

저 자신을 향한 미친 팬질, 살아가는 동안 절대 멈추지 않을 생각입니다.

오늘의 일기가
위로가 되기를

블로그에 쓸 거리가 별로 없을 땐 옛날 일기장을 뒤져봅니다. 3년 전 이맘때는 무슨 생각을 했지? 그렇게 하다가 30년 전 일기장을 들추기도 합니다.

1990. 10. 14(일)

일하면서 야구를 봤다. 삼성 대 해태 플레이오프전. 3선승 중 1승을 따놓은 삼성이 초반 해태에 2대 0으로 밀리다 5:2로 뒤집었다. 그 후 해태가 다시 5:7로 뒤집었다. 9회 말 2사에 나온 박승호가 안타로 1루에 나가자 김용철이 선동열에게 홈런을 때려버렸다. 7:7 동점 후 11회 무사 만루에서 1점을 더 뽑아낸 삼성이 결국 이겼다. 참 재밌었다.

스포츠 우민화, 지역감정, 그런 얘긴 접어두고 일단 최후의 상황에서도 기사회생할 수 있다는 점에서 스포츠는 매력이 있다.

나도 그런 삶을 살아야겠다. 멋있는 삶. 최후의 순간까지 희망을 잃지 않는 사람. 음….

이삿짐 정리하다 나온 일기장을 보고 혼자 키득키득 웃었어요. 대학 시절, 야구 중계를 보고 저렇게 일기까지 쓴 이유가 뭘까요? 당시 저의 삶이 참 우울했기 때문이지요. 방위병 근무를 마치고 복학 전에 서울로 올라왔습니다. 아직 학교에 다니는 건 아니니 집에서 하숙비를 타 쓰기는 좀 그랬고요. 논현동 영동시장에서 식당을 하시는 친척 집에서 숙식을 하면서 낮에는 배달과 홀 서빙을 하고, 저녁에는 학교 도서관에 나가 공부를 했어요. '일하면서 야구를 봤다'는 건 서빙하다 짬짬이 홀에 있는 TV로 야구를 봤다는 겁니다. 손님이 틀어달라 했겠죠.

복학을 앞둔 저는 전공은 포기한 데다 그렇다고 딱히 하고 싶은 일도 없는 어정쩡한 상태였어요. 그럼에도 희망을 놓고 싶지는 않았던 겁니다. '비록 공업수학을 못 해서 학교에서는 지진아 취급을 받지만, 나도 언젠가 적성에 맞는 일을 찾는다면 인생 역전을 할 수 있어!' 저 일기를 쓸 때 스물네 살의 김민식은 그걸 간절히 원했던 겁니다.

어떤 분이 블로그 방명록에 글을 올렸습니다.

> 인생이 너무 허무하고 덧없어요.
>
> 가슴이 뻥 뚫린 거 같아요.
>
> PD님은 힘들 때 책을 읽는다고 하시는데 저는 아무 방법도 없어요.
>
> 너무 외로워서 누군가 손을 내밀어줬으면 좋겠어요.
>
> 나를 정말 사랑해줄 사람은 있는 걸까 의문이 드는 나날이에요. (중략)
>
> 왜 나는 항상 오해받고 비웃음 받으며 살아야 하는 걸까 이런 생각들이
> 내 머릿속에 가득 찼었어요.
>
> 그래도 죽고 싶다는 생각은 안 드는 게 다행일까요?
>
> 도대체 저의 이런 상처들은 어떻게 치유해야 할까요?

마음이 아팠어요. 이 글을 쓰신 분의 마음이 너무 와닿아서…. 네, 이 글은 23년 전 제 일기장에 쓰인 글과 정말 비슷해요. 저는 대학 3학년 복학생이 되도록 여자 손 한번 못 잡아본 연애 지진아였어요. 오죽하면 당시 제 애창곡이 '다섯 손가락'의 〈사랑할 순 없는지〉였을까요. 이런 가사로 시작하는 노래지요. '누군가 이 못난 나를 사랑할 순 없는지.' 연애하고 싶다는, 나도 여자랑 좀 사귀어보고 싶다는 투정이 일기장에 가득합니다(민망해서 그 글은 차마 공개하지 못하겠어요).

다른 사람이 내 마음을 몰라줄 때 많이 힘들죠. 어린 시절, 남들한

테 상처를 유난히 많이 받았어요. 어려서 일기를 꼬박꼬박 쓴 이유는 남에게 하지 못하는 하소연을 일기장에다 털어놓기 위해서였어요. 그러던 어느 날 일기장을 들여다보니, 남들에게 받은 상처 못지않게 스스로가 만들어내는 상처도 많더군요. '너 왜 이렇게 못났어. 왜 아이들에게 매일 당하고 사니. 도대체 언제 정신 차릴래.' 이런 글이 많았어요. 놀랍고 충격적인 발견이었어요. 그래서 결심했죠. 남들이 나를 괴롭힐 수는 있어도 적어도 내가 스스로를 괴롭히지는 말자.

따돌림을 하는 아이들은 무리에 대한 소속감을 강하게 열망합니다. 따돌림당하는 한 사람이 되기보다 따돌리는 다수에 속하고 싶다고 생각하기에 그들의 수는 점점 더 늘어납니다. 결국 그들은 공격받을까봐 무서워 선제공격을 하는 것입니다. 그렇게 생각하니 그 아이들도 안되어 보이더라고요. '왕따를 하는 게 나쁜 거지, 당하는 내가 나쁜 건 아니다.' 그렇게 생각했습니다. 그 시절, 일기장 한쪽에 써놓은 글이 있어요.

어쩌다 내가 아닌 나를 꿈꾸었을까?
내가 아니면, 누가 나를 사랑하라고
나마저 나를 저버렸을까?

어쩔 수 없는 건 견디며 지나가야 합니다. 타인의 말과 행동을 들여다볼수록 마음만 괴로워요. 어떻게 해도 내가 그의 의도를 제대로 이해할 순 없거든요. 그럴 때 저는 제 자신을 들여다봅니다. 그러곤 내게 주어진 현재에 충실하며, 내 마음에 충실하게 살아야 한다고 마음먹죠. '나는 무엇을 하고 싶은가? 내 삶이 지금 괴롭다면 그것을 바꾸기 위해 오늘 나는 무엇을 해야 하나?'

삶이 힘들다면 일기를 한번 써보면 어떨까요. 지금 느끼는 모든 감정을 또박또박 글로 옮겨보세요. 일기장에 털어놓은 다음엔 잊어버리세요. 오랜 세월이 흐른 후 일기장을 들여다보면 한참 웃을지도 몰라요. 오래전 일기조차도 블로그의 글감이 됩니다. 그 일기를 쓰던 나이의 나에 대한 이야기로 젊은 독자들과 공감대를 나눌 수 있거든요. 스무 살의 내가 느꼈던 생각을 글로 나눈다면 비슷한 사연을 가진 사람들에게 진심으로 위로를 전할 수도 있지 않을까요? 지금 나이 50에 제가 블로그에 올리는 글은, 어쩌면 10년이 지나 은퇴 후 어떻게 살아야 할까를 묻는 중년의 직장인에게 들려주는 이야기가 될 수도 있지요. '10년 전 회사에서 많이 힘들었던 날, 블로그에 쓴 글이 있어요.'라면서 말이죠. 오늘 나의 일기가 언젠가 누군가에게 위로가 되길 바라는 마음으로, 오늘도 글을 씁니다.

보이지 않던 것들이 보이기 시작한다

《남자가, 은퇴할 때 후회하는 스물다섯 가지》는 노인복지를 전공한 저자가 1,000명에 달하는 은퇴자를 만나 조사한 내용을 담은 책입니다. 저자가 베이비붐 세대 은퇴자들을 만나 인터뷰를 하면서 가장 많이 떠올린 단어가 '후회'랍니다. 그는 여성 사회학자로서 항상 '이 땅에서 여자로서 살아간다는 건 얼마나 불리한 일인가?' 하며 분통을 터뜨렸다고 해요. 그런데 은퇴한 남자들을 만나 보니 그들 또한 '위너'는 아니더란 거죠. 한때 잘나갔던 남자들도 은퇴를 하면 금세 초라해집니다. 직장을 매개로 했던 관계가 다 사라지거든요. 가족에 대한 과도한 책임감은 죽을 때까지 따라다니고요. 그들 자신은 빠르게 변화하는 세상에 적응하지 못한 취약한 존재로 전락해버립니다.

은퇴를 준비하는 40~50대 남자들에게 들려주고 싶은 이야기는 다음과 같습니다.

> 당신 자신을 소중히 여기고 사랑하라. 가족에 대한 과도한 책임감에서 벗어나라. 경제적으로뿐 아니라 심리적으로도 독립적이어야 한다. 즐겁고 재미있게 사는 일에 죄의식을 가지지 말라.
>
> ─《남자가, 은퇴할 때 후회하는 스물다섯 가지》(한혜경 저 / 아템포)

퇴직 후에는 어떻게 놀아야 잘 노는 걸까요? 제가 1968년 원숭이 띠인데요. 우리 세대는 어려서는 공부를 열심히 하고, 젊어서는 일을 많이 했습니다. 이제 은퇴 후에는 잘 놀아야 할 것 같습니다. '나는 무엇을 할 때 즐거운가?', '내 삶의 재미는 어디에서 오는가?' 이걸 찾아보려고 합니다.

빛의 화가 모네는 젊어서 파리를 중심으로 활동했는데요. 59세가 되어서는 노르망디 지방 지베르니에 있는 자신의 집에서 연못의 수련만 그리기 시작했답니다. 86세에 죽을 때까지 200여 점의 수련 연작을 남겼대요. 누군가의 전성기는 나이 60에 시작되기도 하는 겁니다. 만약 모네가 '이제 젊은 날의 열정과 체력은 없으니 그림은 포기해야겠다'라고 생각했다면 우리가 아는 수련 연작은 나오지 않았겠지요. 나이 60에 붓을 잡은 모네는 이렇게 생각하지 않았을까요?

‘아, 우리 집 연못에 있는 수련이 이렇게 아름다운 줄 진작 알았더라면⋯. 쓸데없이 여기저기 떠돌아다니며 방황하지 않았을 텐데.’

동화《파랑새》에도 나오듯 행복은 멀리 있지 않아요. 자신의 가까운 곳에서 찾을 수 있지요. 더 높이 더 멀리 가는 것보다, 더 가까운 곳에서 더 깊이 들여다보아야 합니다. 나에게 가장 가까운 곳에는 무엇이 있을까요? 나 자신이 있습니다. 그래서 은퇴 후 해야 할 가장 중요한 일은 나를 찾아 떠나는 여행입니다. 그러기 위해서는 욕심을 줄여야 해요. 체조 선수 양학선이 이런 말을 했대요.

"더 높게 날아오를 수 있지만 그렇게 하지 않는다. 왜? 착지가 중요하니까."

나이 50이 넘으면 더 높이 뛰려고 욕심을 내기보다 착지를 준비해야 합니다.

1,000명의 은퇴한 남성을 조사한 한혜경 교수님은 은퇴 후 활동 중 하나로 글쓰기를 추천합니다. 남자가 나이가 들면 체력은 약해지지만 감성은 더 풍부해집니다. 자신의 삶을 돌아보며 정리하는 글을 남길 수 있어요. 글쓰기를 하면 세상을 보는 눈이 더 맑아집니다. 일흔 넘어 한글을 처음 배운 할머니에게 물었대요. 한글을 배우니까 뭐가 좋으냐고. 할머니가 이렇게 대답하셨답니다.

"안 보이던 꽃이 보이더라."

블로그도 그래요, 하루하루의 삶을 기록하다 보면 주위에 보이지 않던 것들이 눈에 띄기 시작합니다. 내 삶의 하루하루가 더욱 소중해집니다. 여러분께도 감히 권해드립니다. 블로그로 삶의 순간순간을 기록하시길.

나눌수록 득이 되는
글 나눔

잘 늙기 위해서는 공부를 계속해야 합니다. 지금 내가 알고 있는 지식과 기술로 남은 평생 버틸 수 있을까요? 버틸 수는 있다 해도 더는 발전이 없잖아요?《나이 듦 수업》을 보면, 제가 닮고 싶은 어른이 한 분 나옵니다. 70대 후반의 노교수이자 물리학자인 장회익 선생님. 그분은 노년에도 열심히 공부하고 왕성한 집필 활동과 강연을 계속하시는데요. 이렇게 말씀하십니다.

유명한 공자님 말씀이 있지요. '조문도 석사가의(朝聞道 夕死可矣)' 아침에도, 지혜의 정수를 깨달으면 저녁에 죽어도 좋다는 말씀입니다. 저는 여기다가 하나 더 붙였어요. 아침에 도를 깨닫고 저녁에 죽어버리면 다른 사람한테 줄 게 없잖아요. 그래서 낮에 이걸 적어놓아야 해요. 낮에 적어놓고 돌아가서야지. 우리는 전해줘야 해요. 내가 어렵게 얻었으면 또 전해주어서 우리의 문명 안에 지혜를 쌓아나가야죠.

– 《나이 듦 수업》(고미숙 등 저 / 서해문집)

그렇군요. 자신이 깨달은 게 있다면 글로 남겨서 사람들과 나눠야 하는군요. 부지런히 책을 읽고 필사적으로 필사하는 것, 이것이 행복한 노년으로 가는 중년의 공부 아닐까요? 인생 이모작이라며 다들 은퇴 후에 어떻게 일을 계속할까 고민하는데요. 일하기 전에 공부를 먼저 해야 합니다. 인생에서는 공부가 먼저고 일이 나중이거든요.

2015년 가을에 한 달간 남미 배낭여행을 갔어요. 이구아수 폭포에서 한국인 단체 여행자들을 만났습니다. 남미 패키지 여행객은 50~60대 중장년층 인구가 압도적으로 많습니다. 거리가 워낙 멀어서 젊은 직장인들이 휴가를 내어 가기에는 부담이 크지요. 패키지 여행자들은 같은 나이 또래인 제가 혼자 배낭여행 다니는 걸 보면 무척 부러워합니다. "배낭여행, 참 좋지. 그런데 저 양반은 영어가 되나 보지, 우리처럼 영어가 안 되는 사람은 그냥 패키지가 최고여" 하면서 가시더군요. 저는 속으로 '영어 공부, 아직 안 늦었는데…' 합니다.

기나긴 노년을 즐길 수 있는 우리 세대는 분명 복 받은 세대입니다. 은퇴하고 수십 년 동안 어려서 못해본 것 다 해볼 수 있어요. 노년에 할 수 있는 최고의 취미 활동이 공부라고 생각합니다. 젊어서는 일하느라 바빠서, 가족 뒷바라지하느라 힘들어서 못했지만 이제 그런 부담에서 벗어났으니 취미 삼아 해보는 건 어떨까요?

노인이 되어 가장 서운한 게 다른 사람이 자신을 알아주지 않는 것이랍니다. "내가 어떤 사람인데!"라며 분통을 터트리거나 화병이 도지는 것도 남들이 몰라주기 때문이에요. 자신이 얼마나 대단한 사람인지를 말이죠. 하지만 스스로에 대한 자긍심을 키운다면, 남이 나를 알아주지 않아도 화날 일이 없어요. 자긍심을 기르는 최고의 길이 바로 공부하는 일이에요. 평생 일을 하며 익힌 노하우에 나이 들어 공부하면서 배운 내용을 더해 블로그로 나눈다면 얼마나 좋은 일인가요.

피드백과
리액션이 있는 인생

블로그의 매력은 뭐니뭐니 해도 쌍방향 소통입니다. 댓글이나 방명록 글 남기기를 통해 누구나 의견 또는 질문을 남길 수 있어요. 잘 보고 있다는 독자의 응원에 힘을 받기도 하고, 때로는 독자가 남겨준 질문을 화두 삼아 다시 공부에 매진하기도 합니다. 어느 독자가 이런 글을 남겨주신 적이 있어요.

안녕하세요! 몇 년 동안 좋은 글, 유익한 정보를 얻어만 갔습니다. 오늘 블로그에서 알려주신 사이트도 영어로 지식 쌓기에 좋습니다. 흥미도 있고요. 저는 무엇보다 선생님의 적극적이고 긍정적인 생각이 좋습니다. 도움 되는 사이트 찾아내시는 안목과 부지런함, 정보공유까지. 감사합니다. 그런데 이런 사이트는 어떻게 아시게 됐나요?

이런 댓글, 저는 대놓고 좋아합니다. 하루의 피로가 씻은 듯 풀리거든요! 이 맛에 블로그를 하지요.

감사합니다!

님의 글을 읽으니, 유발 하라리의 《사피엔스》 중 한 대목이 떠올랐어요. '내가 믿는 것이 오류일 수 있다.' 이것을 깨닫는 것이 근대의 시작이랍니다. 1492년, 콜럼버스는 아메리카 대륙에 도착하고도 그곳이 인도라고 믿었어요. 1,000년이 넘도록 성경에 기록된 세계는 유럽과 아프리카, 아시아밖에 없었거든요. 그 세계관을 굳게 믿었던 콜럼버스에게 새로운 대륙이란 감히 상상도 할 수 없는 것이었지요.

최초의 근대인은 아메리고 베스푸치랍니다. 항해가로서도, 모험가로서도 거의 무명에 가까웠던 사람입니다. 그는 콜럼버스가 발견한 곳이 "어디인지 모르겠다"라고 말했습니다. 세계 4분의 1에 해당하는 두 대륙에 그의 이름이 붙은 이유는 간단합니다. "나는 모른다"라고 말할 용기가 있었기 때문이에요. 저의 공부 역시 제가 모른다는 것에서 시작합니다.

1. 일단 저는 잘 묻습니다.

사람을 만나면, "요즘 뭐가 재밌어?" 하고 꼭 물어봅니다.

2. 들은 건 메모를 합니다.

그 자리에서 바로바로 메모해둡니다. 전 제 기억력을 불신하거든요.

3. 직접 실천해봅니다.

누가 재미있다고 하는 건 직접 해봅니다. 운동이든, 독서든, 영화 감상이든, 여행이든, 게임이든, 사이트 방문이든 시간을 내어 직접 경험해보고 좋으면 또 메모를 합니다. 그래야 블로그에서 소개하고 공유할 수 있으니까요.

4. 고맙다고 인사를 합니다.

다음에 그 사람을 만나면 "나도 해봤더니 정말 재미있더라, 역시 안목이 믿을 만해. 감사의 의미로 오늘은 내가 밥 살게!" 이렇게 사례를 합니다. 그러면 그 사람은 제게 재미난 것들을 더 많이 가르쳐줍니다. 자신이 최근 즐기는 일에 대해 신이 나서 말해주지요.

피드백과 리액션, 이 두 가지는 제가 만나는 모든 사람을 좋은 스승으로 모시는 방법입니다. 무언가를 배우는 가장 좋은 길은 그것을 남에게 설명하는 것입니다. 블로그에서 소개하기 위해서 열심히 시도해봅니다. 재미가 없으면, 재미를 느낄 때까지 해봅니다. 어떤 일이든 익숙해지기 전에는 재미를 느끼기가 쉽지 않거든요. 블로그에 소개하기 위해 더욱 열심히 즐깁니다. 그런 점에서 제게 최고의 스승은 역시 블로그 독자입니다. 이렇게 블로그에 올라온 질문에 답을 하는 과정에서 또 새로운 생각을 떠올리고 글감을 만나게 되니까요. 세상 곳곳에 고마운 스승님들이 계십니다. 그분들을 만나기 위해 오늘도 저는 블로그에 글을 올립니다.

블로그, 무엇이든
물어보세요!

Q. 사람들에게 블로그를 권하는 이유는 무엇인가요?

A. 50년을 살아보니, 살면서 재미와 의미라는 두 마리 토끼를 잡을 수 있는 일이 많지 않더라고요. 글쓰기야말로 두 마리 토끼를 잡는 대표적인 방법이에요. 우선 글을 쓰는 건 재미가 있어요. 그리고 내 글이 누군가에게 도움이 된다면 의미도 있는 거죠. 자투리 시간을 투자해 재미와 의미를 동시에 추구할 수 있는 일, 블로그만큼 쉬운 것도 없어요.

Q. 블로그, 스킨 선택이나 편집이 너무 어렵던데요?

A. 처음엔 그냥 기본형 스킨에 편집 없이 글만 쓰는 것도 좋아요. 이미지를 만들고 화면에 공을 들이기보다는 어떤 이야기를 쓸 것인가만 고민하는 것이 좋습니다. 블로그는 'web'과 'log'의 합성어인 'weblog'의 줄임말이잖아요. 말 그대로 웹에 쓰는 일기장이란 뜻이에요. 블로그를 화려하게 꾸미는 것은 좀 익숙해지고 난 다음에 욕심내도 되고요. 일기처럼 진솔한 글을 쓰는 것이 우선입니다.

Q. 블로그의 주제는 어떻게 정하나요?

A. 내가 좋아하는 일상사가 곧 블로그 주제입니다. 막상 쓰려고 보면 뭘 쓸지 막막하기 때문에 평소 본인이 좋아하는 주제를 골라야 합니다. 다른 전문가들의 블로그를 보고 너무 기죽을 필요는 없어요. 나만이 할 수 있는 이야기를 찾아서 꾸준히 쓰다 보면 언젠가 블로그도, 내 삶도 더 풍성해질 것입니다. 저는, 잘 모르는 분야라도 관심이 생기면 일단 블로그에 카테고리를 추가합니다. 그런 다음 계속 공부하면서 글을 써요. 그러면 언젠가 내가 좋아하는 분야가 내가 잘하는 분야가 되는 날이 오거든요.

Q. 카테고리는 어떻게 정하나요?

A. 평소 자주 다니는 블로그의 카테고리를 참고해도 좋아요. 내가 좋아하는 블로그가 곧 내 블로그의 지향점이 되는 거죠. 평소 관심 있는 주제별로 묶으면 됩니다. 그러다 보면 가지가 뻗어 나가듯 카테고리가 자꾸 늘어나는데요, 너무 많아져서 잡화점이 되는 것보다는 비슷한 유형을 묶어서 단순화하는 것이 좋아요. 충무로에 가면 고등어구이 한 가지 메뉴만 있는데도 점심시간이면 줄이 길게 늘어서는 식당이 있어요. 임팩트가 있는 거죠. 블로그 운영에도 그런 전략이 필요하다고 생각합니다. 만물박사는 되기도 힘들고, 관리도 힘들어요.

Q. 블로그 하는 데 돈은 안 드나요?

A. 연애 상담할 때 비싼 선물 사다 안기는 남자 믿지 말라고 말하곤 해요. 데이트하면서 돈을 들이는 사람보다 관계에 시간을 투자하는 남자를 선택하는 편이 좋습니다. 좋은 관계를 만드는 데엔 돈보다 시간이 더 필요하거든요. 블로그에 글을 올리기 위해 비싼 카메라를 사고, 전국 방방곡곡 맛집을 찾아다니고, 신제품 개봉기 올리고 등의 일을 하려면 돈이 좀 들 수도 있겠지요. 그렇지만 돈보다 시간을 투자하시라고 말씀드리고 싶어요. 돈을 들이더라도 나의 삶에 투자하는 돈이어야 하고요, 블로그에서 전시하기 위해 돈을 쓸 필요는 없다고 믿습니다.

Q. 블로그 관리하는 데 드는 시간은요?

A. 저는 새벽에 일어나 출근 전에 한두 시간 집중적으로 글을 씁니다. 매일 하면 시간을 꽤 뺏길 것 같은데, 오히려 시간을 벌기도 합니다. 일찍 일어나려면 저녁 약속을 피하게 되고요, 10시 이전에는 무조건 잠자리에 드는 규칙적 습관도 기를 수 있어요. 아이가 잠자리에 들기 전에 함께 시간을 보낼 수 있어 소중한 '퀄리티 타임'도 생기고요.

Q. 매일 글 한 편씩 쓰기가 쉽지 않을 텐데요?

A. 덕분에 인생을 더 적극적으로 사는 느낌입니다. 글을 쓰기 위해 여

행도 더 열심히 다니고, 책도 열심히 읽고, 회사 일도 더 열심히 합니다. 항상 메모하는 습관을 기른 덕에 삶의 기록도 더 풍성해지고요. 예전에는 설렁설렁 읽던 책도 이제는 블로그에 소개할 욕심에 꼼꼼히 읽습니다. 블로그 덕에 인생이 더 풍성해졌어요.

Q. 블로그 손님은 어떻게 관리하나요?

A. 블로그 초창기에는 모든 댓글과 모든 방명록 글에 답을 달았습니다. 그런데 손님이 많아지니 이게 쉽지 않더군요. 댓글과 방명록 글쓰기 때문에 정작 본문 글에 들이는 시간을 빼앗기기도 하고요. 읽기는 반드시 다 읽습니다. 그리고 질문이 올라오면 댓글이나 포스팅을 통해 답변을 드리려고 노력합니다. 피드백이 중요합니다. 이건 TV 연출가로 살면서 얻은 교훈이에요. 드라마를 보는 시청자가 1만 명이라면, 그중 시청자 게시판까지 찾아와서 글을 남기는 열 명은 핵심 시청자입니다. 이분들의 의견이 인터넷 여론을 주도해요. 핵심 고객은 밀착 마크해야 한다고 생각합니다.

Q. 악플(악성 댓글)은 없는지요?

A. 인생 살면서 시련이 없을 수는 없겠지요. 시련이 중요한 게 아니라 그 시련에서 무엇을 배울 수 있느냐가 중요합니다. 악플을 다는 건, 제 글을 보고 누군가가 분노했기 때문입니다. 그분의 화를 잘 들여다

봅니다. 그의 분노는 제가 아니라 제 글을 향하고 있으니, 제가 쓴 글에서 상대가 정서적으로 불편했던 지점을 찾아봅니다. 가까운 친구보다 나를 비난하는 적에게서 때로는 더 많이 배울 수 있어요. 악플을 통해서 글을 쓰는 자세를 많이 배우기도 했습니다. 중요한 건, 악플 때문에 불필요하게 상처받는 건 피해야 한다는 거예요. 기본적으로 저는 모든 사람이 찬성하는 글은 쓸 필요가 없다고 생각해요. 모두가 다 알고 인정하는 사실을 굳이 내가 또 쓸 필요는 없잖아요? 나와 의견이 다른 사람을 설득하기 위해 쓰는 글도 있어야지요. 그 과정에서 생기는 마찰은 피할 수는 없습니다. 그 마찰을 저와 제 글이 더 성숙해지는 계기로 삼아야겠지요.

Q. 블로그 홍보는 어떻게 하나요?

A. 카카오톡 프로필이나 트위터 프로필에 블로그 주소를 올려둡니다. 강의나 인터뷰 등 외부 활동을 할 때, 연락처보다는 블로그 주소를 남깁니다. 궁금한 점은 블로그에 와서 질문을 남겨달라고요. 실제로 많은 분이 궁금해하는 이야기는 대부분 블로그에서 이미 다뤘거든요. 티스토리는 페이스북과 트위터에 연동되어 있어 글을 올리면 자동으로 주위 사람들에게 전해집니다. 그 덕에 페이스북을 타고 오는 친구들도 많습니다.

Q. 블로그의 단점 하나를 꼽으라면?

A. 블로그를 하다 보면 깊이 빠져버립니다. 사람들의 반응에 취해 블로그에 투자하는 시간이 점점 늘어나요. 그러다 보면 삶을 즐기는 게 아니라 삶을 전시하는 게 목적이 될 수도 있어요. 한마디로, 주객이 전도되는 거지요. 하지만 뒤집어 생각해보면, 삶을 치열하게 전시하려면 무언가에 미친 듯이 빠져봐야 하지 않나요? 그렇게 보면 단점이 아예 없는 셈입니다.

꾸준한 오늘,
무한한 내일

내 인생의 황금기는 언제일까요? 모르겠어요. 내게 인생의 황금기보다 더 중요한 문제는 은퇴 시기와 은퇴 후의 삶입니다.

둘째가 생겼다는 얘기에 저는 부서를 드라마국으로 옮기기로 마음먹었습니다. 예능 PD는 아무래도 트렌드에 민감하다 보니 나이 들면 현업에서 밀려나기 쉬운데, 잘나가는 드라마 PD들은 정년퇴직을 하고도 열정적으로 일하더라고요. 그런데 공교롭게도, 이런 소문이 도는 거예요.

'어차피 드라마는 태반이 외주제작이다. 굳이 드라마 PD들 월급 주고 데리고 있을 필요 있나? 그냥 모든 드라마 PD를 외주로 돌리자.'

이런 젠장! 만약 드라마국이 외주화되는 날이 온다면, 저는 비굴하게 다시 예능국으로 달려갈 것입니다.

"국장님! 제가요, 드라마국 가서 많이 배웠거든요? 다시 시트콤 시켜주시면 정말 잘 만들 수 있습니다."

예능국도 외주화할 거라 하면, 편성국으로 달려갈 것입니다.

"저처럼 예능과 드라마를 다 해본 연출 드뭅니다. 다양한 제작 현장을 경험한 제가 편성 적임자 아니겠습니까?"

편성국에서도 안 받아주면 대외협력부서로 달려갈 것입니다.

"제가요, 원래 통역사 출신이거든요? '영어 공부 잘하는 법'에 대한 책도 쓰지 않았습니까? 영어도 하고, 일어도 좀 됩니다. 중국어도 회화책 한 권을 통째로 외웠어요. 해외 시장에서 MBC 콘텐츠를 판매하는 데 최전선에 서겠습니다."

그래도 안 받아주면 광고국으로 달려가야지요.

"제가요, 원래 영업사원이었거든요? 저처럼 영업 마인드가 투철한 PD도 없다니까요? 광고 영업, 맡겨만 주십시오!"

어디에서도 안 받아주면 뉴미디어 정책팀에 지원할 생각입니다.

"뉴미디어를 연구하느라 책까지 썼습니다. 저야말로 준비된 인재입니다."

저는 MBC에서 정년퇴직을 하고 싶습니다. 늦둥이 아빠로서 최선을 다하는 자세로 살려고요.

정년을 채우면 은퇴 후에도 일하고 싶습니다. 그걸 위해 소셜미디어 활동을 꾸준히 이어가고 있습니다. 강홍렬의《메가트렌드 코리아》라는 책에 따르면 앞으로 직업은 다섯 가지 변화를 맞게 될 거라네요. 첫째, 노동 중심에서 지식 중심으로. 둘째, 고정된 직장인에서 유목하는 직업인으로. 셋째, 전파적 교육에서 상호작용적 학습으로. 넷째, 분리된 노동과 여가가 융합으로. 다섯째, 순차적 생애에서 복선적 생애로.

블로거로 살아보니 이 같은 변화가 크게 두렵지 않습니다. 블로거의 삶이란 기본적으로 지식을 나누는 삶입니다. 또한 자유기고가의 삶은 고정된 직업이 아니에요. 블로그를 운영하는 건 분명 노는 것인데, 하다 보면 은근히 일처럼 느껴집니다. 블로그에 글을 쓴다는 것 자체는 공부예요. 과거에 우리의 삶은 청소년기에 배워서, 중년에 그걸 써먹으며 일하고, 노년에 쉬는 단계로 이어졌어요. 그러나 수명이 늘어나면서 은퇴 후에도 30년을 더 살게 되었습니다. 그 30년을 마냥 쉴 수만은 없기에 끊임없이 배우고, 자신을 새로운 변화에 맞춰야만 합니다.

게다가 저는 늦둥이 민서를 생각하면 예순 살이 넘어서도 일을 해야 합니다. 은퇴를 목전에 두고 저는 다음과 같은 사업계획서를 한국관광공사에 보낼 생각입니다.

"제 인생 30년을 드라마 연출에 바쳤습니다. 이제 은퇴했으니 한류 드라마를 관광 상품화하여 관광 한국의 이미지를 강화하는 데 이

바지하고 싶습니다. 〈K-Drama 101〉이라는 유튜브 영상을 만들어 세계에 우리 드라마를 소개한 지 벌써 20년째입니다. 2025년 한국 방문의 해를 맞아 전 세계 유튜브 구독자 중 3만 명을 한국에 초청하는 것이 이 사업의 목표입니다."

만약 드라마 관광 사업도 여의치 않다면 대학마다 보따리 강의를 뛸 생각입니다. 대학 사무처마다 이메일을 보내려고요.

"공짜 PD 스쿨을 운영하는 파워블로거 겸 전직 드라마 PD입니다. 유튜브에 올린 저의 강의 동영상 샘플을 첨부합니다. PD 준비를 하는 학생들을 위해 1년 코스, 1학기 코스, 단기 특강 등 현장 경험을 바탕으로 한 다양한 강의가 준비되어 있습니다."

그리고 평소에는 온라인 강연을 보며, 강의 잘하는 법을 끊임없이 연구할 생각입니다.

대학교 1학년 때 영어 학습 동호회를 만들면서 동아리 표어를 공모한 적이 있습니다. 그때 제가 낸 표어가 선정되어 지금도 동아리 방에는 1987년 당시의 그 표어가 걸려 있습니다.

"꾸준한 오늘이 있기에, 내일은 무한하다."

과연 우리에게 인생의 황금기는 언제 올까요? 저는 그 시기가 평생 오지 않기를 소망합니다. 전성기가 지났다고 생각하는 것만큼 슬

폰 일은 없으니까요. 제 전성기는 아직 오지 않았다고 믿으며 평생을
살고 싶습니다.

매일 아침 써봤니?

초판 1쇄 발행 2018년 1월 12일　**초판 17쇄 발행** 2024년 9월 4일

지은이 김민식
펴낸이 최순영

출판2 본부장 박태근
W&G 팀장 류혜정
기획 고래방 최지은
디자인 함지현

펴낸곳 ㈜위즈덤하우스　**출판등록** 2000년 5월 23일 제13-1071호
주소 서울특별시 마포구 양화로 19 합정오피스빌딩 17층
전화 02) 2179-5600　**홈페이지** www.wisdomhouse.co.kr

ⓒ 김민식, 2018

ISBN 979-11-6220-258-6 03320